DR. MED. WILHELM SCHMID-BODE

UNTER MITARBEIT VON DR. EVA GESINE BAUR

4 STRESSTYPEN

und vier Wege zur Gelassenheit

Für Franz Xaver Kohl, der mich für die Iridologie begeistert hat

Inhalt

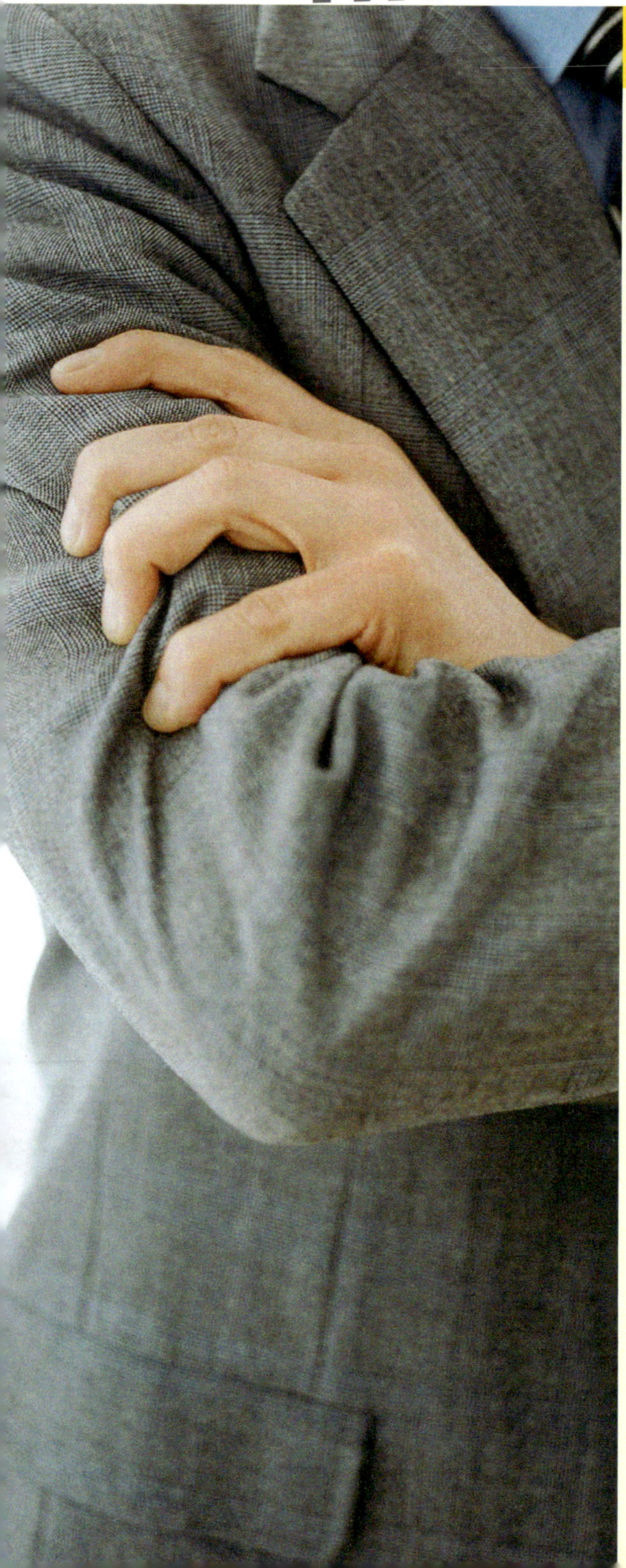

PHÄNOMEN STRESS

DEM STRESS AUF DER SPUR

TYPGERECHT STRESSFREI

Inhalt

Vorwort

KURZE GEBRAUCHS-ANWEISUNG

(Bitte nicht herausreißen)

Was ist das Gegenteil von Stress? Nicht Ruhe, sondern Gelassenheit.
Und bei diesem Wort haben Sie wahrscheinlich bereits die richtigen Assoziationen: loslassen, lockerlassen, sein lassen.
Das klingt einfach und so, als gelte es für alle. Doch der Weg zur Gelassenheit verläuft eben nicht für jeden gleich, denn auch was den Stress angeht, sind wir Individualisten. Daher werde ich Ihnen hier vier verschiedene Wege zur Gelassenheit aufzeigen. Und dieses schmale Buch erklärt Ihnen, welcher für Sie der richtige ist. Dazu brauchen Sie nur herauszufinden, zu welchem der vier Stresstypen Sie gehören. Jeder von diesen Typen reagiert anders auf Stress, und jedem helfen andere Methoden dabei, sich vom Stress und von dessen Folgen zu befreien.
Dieses Buch ist kein Lehrbuch, sondern ein Benutzerbuch. Und wie bei allem, was benutzt werden soll, empfiehlt es sich, vorher einen Blick in die Gebrauchsanweisung zu werfen. Die ist hier sehr kurz.

➤ Dieses Buch im Haus ersetzt nicht den Arzt. Aber wenn Sie es sinnvoll zur Vorbeugung von Stressbeschwerden verwenden, werden Sie den Arzt seltener brauchen. Und gegebenenfalls seine Bemühungen, Sie wieder gesund und gelassen zu machen, wirkungsvoll unterstützen. Ich würde mich dafür bei Ihnen bedanken, meine Kollegen wahrscheinlich auch und die Krankenkassen ohnehin.
➤ Dieses Buch ist nicht exklusiv, sondern effektiv. Denn der Luxus, ohne Stress zu leben, muss nicht teuer sein. Ich zeige Ihnen hier ökonomische und praktische Methoden: statt großer Eingriffe kleine Kniffe; statt Schäden zu beheben, ihrer Entstehung vorzubeugen; und anstatt am Detail herumzukurieren, das ganze System der Selbstregulation zu harmonisieren und zu stabilisieren.
➤ Dieses Buch ist kein Krankenbuch, sondern ein Gesundenbuch, in dem es um alles geht, was im Leben Spaß macht und Spaß machen soll: um Essen und Trinken, um Feste und Reisen, um Sex und andere Kleinigkeiten.

Was ich mit diesem Buch erreichen möchte: dass Sie sich nicht nur besser, sondern auch selbstbewusster fühlen. Denn das ist ein Indiz dafür, dass Sie gelassener geworden sind. »Gelassenheit«, hat Marie von Ebner-Eschenbach gesagt, »ist die angenehmste Form des Selbstbewusstseins.«
Gelassenheit ist in jedem Fall das Gegenteil von Festhalten, von Beharren – ob es nun um Prinzipien, Angewohnheiten oder Meinungen geht. Die Kunst des Gelassenwerdens beginnt damit, etwas zu verändern. Und ich will Ihnen gerne zeigen, wie kurzweilig das sein kann.

Ihr Wilhelm Schmid-Bode

STOP

Phänomen Stress

Jeder kennt Stress, jeder leidet darunter und versucht, etwas dagegen zu unternehmen. Doch den Versuchen ist selten Erfolg beschieden. Hier erfahren Sie, warum so vieles nicht hilft und wie dieses Buch helfen kann.

Obwohl viele Mittel und Methoden im Angebot sind, bleiben die meisten Menschen erfolglos im Kampf gegen den Stress.

WARUM IST STRESS EIN DAUERTHEMA?

Es gibt einen neuen Traum, einen Traum, den Millionen Menschen in der industrialisierten Welt träumen. Nicht der von der Schönheit, denn der ist längst machbar geworden. Auch nicht der von der ewigen Jugend, denn dem hängen nur diejenigen nach, die falschen Heilsversprechen aufsitzen. Es ist ein Traum, den einer der populärsten Menschen der Welt zu verkörpern scheint, der 14. Dalai-Lama: der Traum von der Gelassenheit.

Es ist ein schöner Traum mit durchaus positiven Folgen: Lifestyle-Blätter zeigen Fotos großer Stars, die mit der Yogamatte unterm Arm durch Hollywood spazieren. Entspannungstraining und Shiatsu, Kurse in Taiji und Meditation werden angeboten von Los Angeles bis Leipzig, von Mailand bis Memmingen. Erschreckend ist aber, was dahinter steckt: Stress ist zu einer Krankheit unserer Zeit geworden, der kaum einer entkommt. Kinder jammern über Stress in der Schule und in der Freizeit, Erwachsene über Dauerstress im Job wie in der Partnerschaft, und selbst ältere Menschen leben in der Großstadt eher im Unruhestand.

Und sie alle bitten verzweifelt: Erfindet endlich irgendetwas gegen Stress! Denn obwohl viele Mittel und Methoden im Angebot sind, können offenbar nur wenige umgehen mit ihrem Stress. Dafür gibt es mehrere Gründe.

➤ *Viele Methoden sind mit der Wirklichkeit schwer vereinbar.*

♦ Sie wohnen in einem Appartement, zehnter Stock, mitten in der City. Und Sie haben sich einen Ratgeber gegen Stress gekauft, der in kurzen Lehrsätzen Rettung verspricht. »Laufen Sie morgens bei Sonnenaufgang über eine taufrische Wiese«, heißt einer der Tipps. Dazu müssten Sie allerdings umziehen.

♦ Sie sind allein erziehend, haben zwei Kinder und einen harten Job. Die Anweisung zum stressfreien Leben, die Sie sich gekauft haben, empfiehlt: »Nehmen Sie sich am Nachmittag eine ganze Stunde Zeit fürs Meditieren. Sie werden spüren, wie gut Ihnen das tut.« Während das Kindergeschrei seinen üblichen Höhepunkt erreicht, werfen Sie das Buch in den Müll.

➤ *Die wenigsten Rezepte sind für jeden gleichermaßen geeignet.*

♦ Seit Jahren schon kämpfen Sie mit Gewichtsproblemen – ein Stress spezieller Art. Jetzt kommt noch der berufliche dazu. Sie sind entnervt und am Rande Ihrer Kräfte, und das ist Ihnen anzusehen. In einer Zeitschrift stoßen Sie auf einen Beitrag, der simple Tricks gegen Ihre Nöte verrät: »Gehen Sie früh zu Bett. Verzichten Sie auf das große Abendprogramm. Sie brauchen nun vor allem Ruhe und ausreichend Schlaf.«
Und Sie schaffen es: sagen die Party ab, legen sich um neun Uhr schlafen. Und stehen um ein Uhr früh in der Küche und fressen den Kühlschrank leer.

♦ Endlich haben Sie es geschafft: seit einer Woche keine Zigarette mehr angerührt. Aber gut geht es Ihnen trotzdem nicht. Sie brüllen wegen einer Kleinigkeit Ihre Frau an, husten mehr als je zuvor, rasten aus im Job, wo Sie jeder als geduldig kennt, und denken vom Frühstück bis zum Fernsehabend ans Rauchen. Der Arzt weiß, was gegen Ihren Stress hilft: »Bewegen Sie sich mehr. Treiben Sie regelmäßig Ausdauersport.«
Von da an gehen Sie joggen, natürlich perfekt ausgestattet, mit einem Pulsmesser, um Ihre Leistung kontrollieren zu können: Jeden Tag laufen Sie ein Stück weiter, jeden Tag legen Sie Tempo zu. Bis Ihnen plötzlich bei einem Lauf schlecht wird. Sie lassen sich zu Boden fallen und krümmen sich vor Schmerzen im Bauch und im Brustkorb. Passanten rufen den Notarzt. Sie werden mit Blaulicht und Verdacht auf Herzinfarkt ins Krankenhaus eingeliefert.

➤ *Ein Großteil der Anti-Stress-Tipps verlangt mehr Konsequenz, als ein Normalsterblicher aufbringt. Oder sie sind reine Erfindung.*

♦ Jeden Morgen vor dem Spiegel sehen Sie, wie sich Ihr Stress zunehmend auf der Stirn und um den Mund herum abzeichnet. Und dann sehen Sie im Schaufenster ein Buch: Die Schauspielerin ist über fünfzig, aber auf dem Cover sieht sie aus wie dreißig: völlig entspannt, jugendlich und ohne jene Spuren im Gesicht, die der Stress zwangsläufig hinterlässt. Dabei ist

sie fast jede Woche auf dem Bildschirm zu sehen. Hier verrät sie nun ihre Geheimtipps. Einer der wichtigsten: jeden Tag fünfmal Obst und Gemüse essen, roh, versteht sich. Und drei bis vier Liter Wasser trinken.
Sie halten es genau zwei Tage durch. Greifen dann wütend zu Ihrer bewährten Kombination aus Hamburger, Cola light und Vitaminpille – fertig ist die Laube. Und erfahren kurz drauf, dass das völlig entspannte Äußere des bewunderten Stars weniger der Rohkost, als dem Skalpell zu verdanken ist.

♦ Der Kurs am Gardasee war ein voller Erfolg. Teuer, aber effizient: Jeden Tag haben Sie dreimal das Entspannungsprogramm exerziert und gespürt, wie Ihre Rückenschmerzen und Ihr Kopfweh nachlassen. Genau so, wird Ihnen gesagt, sollen Sie zu Hause weitermachen. Es reichen zweimal täglich zehn Minuten.
In der ersten Woche danach schaffen Sie es. In der zweiten raffen Sie sich nur noch am Wochenende dazu auf. Aber dann wird es Ihnen einfach zu mühsam, nur für diese Übung jeden Morgen zehn Minuten früher aufzustehen. Oder abends den Beginn des Fernsehkrimis zu versäumen wegen dieser Nummer.
Als Ihr Stress nach vier Wochen wieder zu den gewohnten Schmerzen führt, wollen Sie das Ganze aufwärmen. Nur: Wie gingen diese Übungen eigentlich? Wie war das noch mal mit dem Ausatmen und dem Bauch – raus oder rein?

Methoden sind wie Schuhe …

Quintessenz: Die meisten Menschen sind zwar bereit, etwas gegen ihren Stress zu unternehmen, aber sie bleiben erfolglos. Die einen schreiben sich selbst die Schuld daran zu, die anderen zucken seufzend die Achseln und schieben ihr Scheitern auf die Umstände. An den getesteten Methoden hegt jedoch kaum einer Zweifel. Warum eigentlich nicht?
Wenn die empfohlene Methode, mit Ihrem Stress zu Rande zu kommen, nicht passt, dann muss das nicht unbedingt an Ihnen liegen. Schließlich verlangen Sie, wenn Sie sich Schuhe kaufen oder eine neue Jeans, selbstverständlich Ihre Größe und wählen den Schnitt aus, der zu Ihnen passt. Deswegen gibt es ja verschiedene Formate und Formen.
Die üblichen Anti-Stress-Tipps sind wie Klamotten in Einheitsgröße, die aber bei allen perfekt sitzen soll.

… sie müssen (zu) Ihnen passen!

Genau hier setzt dieses Buch an. Es war mir einfach ein Anliegen, in einem Buch die Stressgeplagten nicht mit einem Pauschalangebot abzufertigen, sondern vier spezielle Programme anzubieten, maßgeschneidert für vier verschiedene Stresstypen. Und ich will auch hier, vor der ersten Anprobe, bereits verraten, warum diese Programme wirklich sitzen.
➤ Die vier Stresstypen sind keine künstliche, willkürliche Einteilung, denn sie sind nicht im Gedankenlabor entwickelt

worden, sondern am Menschen. Sie sind keine theoretische Erfindung, sondern basieren auf der jahrtausendelangen Erfahrung der Traditionellen Chinesischen Medizin (TCM) – mehr dazu ab Seite 42. Sie sind den Prototypen vergleichbar, wie sie vernünftige und erfolgreiche Modemacher herstellen: nicht auf dem Zeichenbrett oder an einem Model mit Ausnahmemaßen, sondern an ganz normalen Menschen mit Durchschnittsfigur.

➤ Eine aus der Praxis entwickelte Typologie kann weiter differenziert, also ganz den individuellen Bedürfnissen angepasst werden. Bei seinen Klamotten lässt man sich bei Bedarf auch die Ärmel und Hosenbeine kürzen oder verlängern. Nicht zufällig wird derzeit, da Serviceleistungen gefragt sind, das »Halbmaß« populär; erlesene italienische Herrenschneider praktizieren es schon lange: Sie stellen die klassischen Größen her, lassen sie aber an den wichtigen Stellen bei einer Anprobe exakt der Figur anpassen.

Den eigenen Stresstyp erkennen

Es fragt sich natürlich, wie ein Buch, bei dem der Autor seinen Klienten, den Leser, leider nicht persönlich kennen lernen kann, das leisten soll. Hier geschieht es zuerst durch einen Test und des Weiteren durch die Beschreibung typischer Situationen und Reaktionen; sie bieten Ihnen die Möglichkeit, sich wiederzuerkennen

Soll eine Entspannungsmethode hilfreich sein, muss sie zu Ihnen und in Ihren Alltag passen.

und so eine Art Selbstdiagnose zu erstellen. Dadurch können Sie sich selbst genauer einordnen.
Vielleicht werden Sie auch feststellen, dass Sie ein Mischtyp sind, weil Sie bei sich Eigenschaften, Probleme und Reaktionen von mehr als nur einem Grundtyp wiedererkennen. Dann können Sie sich in unterschiedlichen Abteilungen bedienen und Ihr Anti-Stress-Programm auf diese Weise individuell zusammenstellen.

Ergänzend: ein professionelles Diagnoseverfahren

Nun ist Selbsterkenntnis eine schöne Sache, aber sie hat ihre natürlichen Grenzen. Und verspreche ich Ihnen nicht, dass Sie allein mit Hilfe dieses Buches umfassend erfahren können, wo Ihre gesundheitlichen Risiken durch Stress liegen. Ich stelle Ihnen deshalb zusätzlich ein einfaches und verblüffendes Diagnoseverfahren vor, das Aufschluss gibt über angeborene und erworbene Krankheitstendenzen, die mit anderen Arten des Check-up noch nicht erfasst werden können: Die Irisdiagnostik ist ein Frühwarnsystem, das anzeigt, mit welchen Beschwerden und Krankheiten Sie bei weiterem Stress in Zukunft rechnen müssen.
Die Irisdiagnostik wird von Ärzten und Heilpraktikern mit einem speziellen Gerät, dem Irismikroskop, durchgeführt. Sie kostet weder viel Zeit noch viel Geld, ist völlig schmerzlos und im Gegensatz zu anderen Untersuchungsergebnissen auch für den Laien verstehbar: Er kann auf den Fotografien seiner Iris den Befund selbst sehen und nachvollziehen.
Die Irisdiagnostik stellt quasi das Maßatelier im Handwerk der Stressdiagnostik dar. Und sie beweist: Auch wenn Sie bereit sind, für die Befreiung von Stress jeden Preis zu zahlen – dieser Luxus muss nicht teuer sein.

Ein komplexes Problem braucht kreative Lösungswege

Es ist kein Wunderwerk, seinen Stress loszuwerden. Sondern es bedarf der umfassenden Diagnose und der Bereitschaft, ihn mit ganz unterschiedlichen Methoden, also von verschiedenen Seiten her anzugehen. Um das zu schaffen, bin ich selbst allerdings einen Weg gegangen, der manchem vielleicht ungewöhnlich erscheint. Ich habe mich nicht damit zufrieden gegeben, als Arzt für psychotherapeutische Medizin die Folgen von Stress in herkömmlicher Weise zu behandeln. Vielmehr habe ich mir andere Therapiemöglichkeiten erschlossen, die ich nicht als alternativ, sondern als komplementär, als ergänzend verstehe.
Wie ein Team im Sport nur dann gut ist, wenn jedes der Mitglieder genau da zum Einsatz kommt, wo seine besonderen Qualitäten liegen, so wollte ich auch nicht eine einzige richtige Anti-Stress-Therapie finden, sondern die richtige Kombination unterschiedlicher Verfahrensweisen. Dass ich dorthin kam, verdanke ich eigentlich dem Zufall – oder zumindest der ärztlichen Neugierde.

Faszinierende Alternativen

1980, lange bevor bei uns die Akupunktur wirklich populär war, kaufte ich mir auf einer Asienreise in Hongkong – eigentlich als ein Souvenir – einen Satz Akupunkturnadeln und dazu ein kurzes englisches Lehrbuch. Wieder in der Heimat, las ich dieses Buch und stellte fest, dass es zwar mein Interesse weckte, aber nicht befriedigen konnte. Schnell dämmerte mir, wie komplex die so genannte Traditionelle Chinesische Medizin (TCM) ist, und dass es fahrlässig wäre, ohne tieferes Verständnis der Medizintheorie einfach Punkte zu nadeln. In China dauert allein das Studium der Akupunktur sechs ganze Jahre, also so lange wie ein westliches Medizinstudium. Auch die chinesische Pharmakologie, die Behandlung mit Arzneitees, verlangt eine genaue Kenntnis der chinesischen Medizintheorie.

Nach meiner gründlichen Ausbildung bezog ich dann die TCM in meinen Praxisalltag ein, vor allem bei der Behandlung psychosomatischer Störungen. Wie wohl jeder Arzt für psychotherapeutische Medizin bin auch ich Anlaufstelle für viele Menschen, denen mit schulmedizinischen Methoden nicht geholfen werden konnte, weil sie an funktionellen, also organisch (noch) nicht fassbaren Störungen leiden.

Es ermunterte mich, dass sich mit der TCM oft schon in erstaunlich kurzer Zeit eine deutliche Reduktion der Beschwerden und eine Besserung des Gesamtzustandes erreichen ließ. Mir gefiel auch, dass die chinesische Medizin für ihre Diagnostik verlangt, sehr genau auf den Patienten einzugehen: Er wird ausführlich befragt, in Aussehen, Haltung, Redeweise und Bewegung beobachtet, Puls und Zunge werden untersucht. Daraus lassen sich aktuelle energetische Störungen erkennen, zum Beispiel Schwächezustände oder Blockaden mit Energiestau.

Doch manchmal verspürte ich den Wunsch, noch mehr in den Patienten hineinschauen zu können. Und wieder kam mir der Zufall zu Hilfe: Ein befreundeter Heilpraktiker schwärmte mir immer wieder von der Irisdiagnostik vor als einer einfachen, für den Patienten ungefährlichen und absolut nebenwirkungsfreien Untersuchungsmethode. Und er betonte jedes Mal, dass hierzulande diese Technik fast nur von Heilpraktikern genutzt werde, in den USA aber vermehrt auch von Ärzten. Er lud mich ein, an einem Workshop der Irisdiagnostiker teilzunehmen, und danach war ich überzeugt: Das war genau die ergänzende Diagnosemethode, nach der ich gesucht hatte. Welche zusätzlichen Einblicke in den Organismus sie eröffnet, werde ich ab Seite 32 ausführlich berichten.

Stress ist ein Chamäleon – er kennt viele verschiedene Farben. Also ist es nur natürlich, ihm auch mit vielgestaltigen Methoden auf die Schliche zu kommen.

Ein spannendes Unterfangen. Sie können mich auf den folgenden Seiten dabei begleiten.

Der Stress macht Sie fertig.
Und einen, der Sie fertig macht,
sollten Sie genau kennen.

WIE SIEHT STRESS EIGENTLICH AUS?

Über die Schwierigkeit, einen alten Bekannten zu erkennen

Er ist vielseitig, wandelbar und hat immer wieder ein anderes Gesicht. Ein Multitalent, das für viele Überraschungen gut ist. Genau deswegen ist er so schwer in den Griff zu bekommen. Stress ist so unterschiedlich wie Grippeviren und leider ebenso ansteckend. Und er lässt sich nicht mit simplen Methoden austricksen.

A. Sie geht auf Nummer sicher. Für die letzten vier Wochen vor der Prüfung hat sie sich jede Ablenkung verboten. Kein Kino, keine Party, nicht mal einen Absacker mit Freunden. Sogar das Fitnessstudio und den Spaziergang mit ihrem Hund hat sie aus dem Programm gestrichen. Es kann eigentlich nichts mehr passieren. Doch es passiert genau zwei Tage vor der Prüfung: Sie spürt ein jähes Herzrasen, das einfach nicht aufhören will. Auch die Baldriantabletten helfen nichts und der Whiskylikör ebenso wenig. Sie weiß, dass man Herzrhythmusstörungen in jedem Alter bekommen kann. Außerdem: Ihr Vater ist am Herzinfarkt gestorben. Sie rennt in die Klinikambulanz. »Ihr EKG ist völlig normal«, sagt die Dienst habende Ärztin. »Haben Sie zur Zeit besonders viel Stress?« Und sie verordnet ihr statt eines Medikaments, die nächsten zwei Tage nichts zu tun. Außer einen Spaziergang zu machen, ins Kino zu gehen oder ins Fitnessstudio – oder auch auf einen Absacker mit Freunden.

B. Das eigene Haus am Stadtrand wird alle Probleme lösen, davon ist die ganze Familie überzeugt. Kein Stress mehr mit der Parkplatzsucherei, kein Stress mehr mit anderen Hausbewohnern wegen der Kinder, kein Stress mehr mit dem Wochenendausflug ins Grüne, der immer im Stau anfängt. Hier, in der grünen Idylle, mit eigenem Garten, nah an Feldern und Wiesen, wird alles viel einfacher werden.
Doch schon am ersten Wochenende merken sie, dass die Bauern mit Mähmaschinen und Traktoren auch am Samstag und Sonntag schon um halb sieben Uhr in der Frühe vorbeirattern, dass die Rasenmäher der emsigen Nachbarn für einen enormen Geräuschpegel sorgen und dass der vierspurige Autobahnzubringer sehr viel lauter zu hören ist, als gedacht. Und dass die U-Bahn-Station nicht mehr einfach vor der Haustür liegt, entnervt sie auch.
»Es kann doch nicht wahr sein«, beklagt sich die Mutter bei Freunden in der Stadt. »Seit wir da draußen wohnen, schlafen wir alle miserabel, mein Mann jammert über Kopfweh, ich bin dauernd müde, und die Kinder sind total unkonzentriert. Was ist mit uns los? Ist das die Umgewöhnung?« »Nein, das ist der Idyllen-Stress«, sagt die Freundin und schaut zufrieden von ihrem begrünten Innenstadtbalkon hinunter in den stillen Hof.

C. Als Arzt ist er sicher: Da ist nichts mehr zu machen. Trotzdem bringt er seinen alten Vater auf die internistische Station zu den Kollegen. Er soll in guten Händen sein, wenn es zu Ende geht. »Ihr braucht keinen Aufwand mehr zu betreiben, nur dafür zu sorgen, dass er in Frieden und mit Würde sterben kann«, sagt er. »Genügend Flüssigkeit, ihr wisst schon … aber bitte keine Medikamente mehr.«
Die Kollegen halten sich dran, sie setzen alles ab. Das Herzmittel, die Entwässerungstabletten, das Antibiotikum, die Schlaftabletten, die Medikamente gegen Bluthochdruck und Arthritis. Sein Sohn schaut täglich vorbei, es kann ja ganz schnell gehen. Doch was sieht er? Es geht nicht schnell abwärts, sondern aufwärts. Jeden Tag kommt der Alte mehr zu Kräften und nach einer Woche ist er bereits in alter Frische im Krankenhaus unterwegs.
»Was hatte er eigentlich?« erkundigt sich der Sohn bei den Kollegen, als er seinen Vater abholt. »Sein Organismus hatte zu viel Stress. Mit zu viel Chemie.«

D. »Alles für den schönsten Tag in Ihrem Leben«, steht über der Hochzeitsliste, die sie im Haushaltswarengeschäft ausgelegt haben. Und sie arbeiten intensiv daran, dass es wirklich der schönste wird. Wer, sie? Außer dem Brautpaar die Eltern, die Geschwister und noch einige Nenntanten. Es soll perfekt werden. Doch wie diese Perfektion ausschaut, darüber gehen die Meinungen auseinander. Und mit jedem Tag wird die Kluft größer zwischen

Vor den Hochzeitsrosen schon eine Gürtelrose? Dann feiern Sie lieber ganz anders als geplant.

den Gemütlichkeitsfanatikern (Biergarten, Blechmusik, Lederhosen), den Stilpäpsten (Szenelokal, alles in Weiß, Samba live, Abendgarderobe mit südamerikanischem Kick) und den Klassikern (Festsaal, Tischordnung, Menü und Reden). Die Zusammenkünfte des Festkomitees geraten zu Familienschlachten und in der Endphase treffen nahezu stündlich Boykottandrohungen ein. Zwei Tage vor dem schönsten Tag ihres Lebens bekommt der Bräutigam Brechdurchfall und die Braut eine Gürtelrose. Befragt, wo sie sich denn beide angesteckt haben könnten, ob da vielleicht was umgehe, meint der Hausarzt: »Was da umgeht, nennt sich Stress.«

Wenn die Anpassung nicht mehr gelingt

Stress hat so viele Gesichter, weil er so unterschiedlicher Herkunft sein kann: mentaler oder physikalischer, chemischer oder emotionaler. Dass er derart unspezifisch ist, macht den Stress schwer greifbar und behandelbar, aber genau das ist kennzeichnend für ihn.

Das hat bereits der erste bedeutende Stressforscher, Hans Selye, 1946 beschrieben, als er von einem »Allgemeinen Adaptationssyndrom« (AAS) sprach. Adaptation bedeutet nichts anderes als Anpassung. Das heißt: Die Stressreaktion ist eine nicht spezifische Reaktion des gesamten Organismus auf Druck und Belastung, um sich dieser Situation anzupassen. Eigentlich eine sinnvolle und gute Sache. Und ein gesunder Organismus schafft das auch. Wenn aber die Anpassungsversuche unangemessen, also zu schwach oder übertrieben ausfallen, dann bewirken sie das Gegenteil von dem, was sie bezwecken: Sie werden selbst zu Krankheitsauslösern.

Wenn der Druck und die Belastung zu groß sind oder zu lange dauern, dann packt allerdings auch ein gesunder Organismus die gewünschte Anpassung nicht, wird überfordert und reagiert – mit Stresssymptomen.

Woher kommt Stress?

Ein Ursachenkatalog

A. *Mentale Ursachen*

- *Beschleunigung:* Sie sind davon überzeugt, dass alles schneller gehen könnte. Sie investieren in Zeitmanagementkurse. Sie wollen immer den flinksten Rechner, der am Markt ist, sind dauernd auf der Suche nach intelligenten Maschinen, die Ihnen Zeit sparen.
- *Ehrgeiz:* Sie sind von der Leistungsidee besessen.
- *Horror vacui:* Sie vermeiden jede Ereignislosigkeit und gestalten Ihre Freizeit so straff wie Ihren Berufsalltag.
- *Informationsüberflutung:* Sie hören und lesen zu viel, sehen zu viel – im Fernsehen. Sie sind ständig unterwegs, rufen übers Mobiltelefon jede neue Mitteilung sofort ab.
- *Perfektionsdrang:* Sie wagen es nicht, etwas zu delegieren.
- *Rastlosigkeit:* Sie machen keine Ruhepausen mehr.
- *Terminnot:* Sie spüren, dass Sie sich überbucht haben. Sie setzen sich nach dem Abendessen wieder an die Arbeit, weil Sie sonst nicht durchkommen.
- *Unersetzlichkeitsgefühl:* Sie bilden sich ein, ohne Sie bräche alles zusammen.
- *Zeitdruck:* Sie fühlen sich ständig getrieben.

B. *Physikalische Ursachen*

- *Autobahnrekorde:* Sie sind stolz darauf, im Job wie im Urlaub 900 Kilometer am Tag zu schaffen.
- *Extremsportarten:* Sie trainieren für den Marathonlauf.
- *Klimatische Extreme:* Sie setzen sich in einem »Erlebnisurlaub« äußerster Hitze, Kälte, Trockenheit oder tropischer Schwüle aus.
- *Lärm:* Sie leiden unter Maschinengetöse am Arbeitsplatz, haben eine Großbaustelle neben Ihrer Wohnung, gehen freiwillig in die lauteste Disco.
- *Schichtdienst:* Sie sind biorhythmisch aus dem Leim durch wechselnde Tag- und Nachtschichten.
- *Übergewicht:* Sie ächzen auf jeder Treppe.

C. *Chemische Ursachen*

- *Alkohol:* Sie müssen sich abends ruhig trinken. Sie können keinen Tag ohne diese Droge auskommen. Wenn nichts Alkoholisches greifbar ist, fahren Sie nachts noch zur Tankstelle.
- *Fast Food & Junk Food:* Sie haben einfach keine Zeit, sich auch noch um gesundes Essen zu kümmern. Sie stopfen sich im Kino oder vor dem Fernseher mit Schokoriegeln und Chips voll. Sie haben keine Nerven, anders als mit der Mikrowelle zu kochen.

Sie träumen vom stressfreien Leben? Dann wachen Sie auf und erkennen Sie, was die Gründe für Ihren Stress sind.

- *Nikotin:* Sie schaffen es ohne Ihren üblichen Zigarettenkonsum nicht, im Alltag zu funktionieren.
- *Tabletten:* Sie haben gegen jedes Leiden etwas im Arzneischrank. Sie kennen eine Pille gegen miese Stimmungen. Sie schlucken bei Bedarf abends etwas zum Einschlafen, morgens etwas zum Munterwerden. Sie wissen, was Sie zuverlässig potent macht.

D. *Emotionale Ursachen*

- *Ärger:* Sie müssen sich dauernd zusammenreißen. Sie empfinden ohnmächtige Wut, die Sie nicht rauslassen dürfen. Sie müssen es mit jemandem aushalten, den Sie nicht ausstehen können.
- *Angst:* Sie befürchten zunehmend, Ihren Job zu verlieren. Sie haben das Gefühl, Ihr Lebenspartner wolle Sie im Stich lassen. Sie sind alarmiert durch unerklärbare Schmerzen und irritierende Untersuchungsbefunde.
- *Exzesse:* Sie suchen und lieben die extremen sexuellen Erlebnisse und treiben es bis zur Erschöpfung. Sie dröhnen sich gerne mal völlig zu und feiern durch.
- *Frust:* Sie werden daran gehindert, Ihre Fähigkeiten zu entfalten. Sie geben beruflich Ihr Bestes, und keiner erkennt Ihre Leistung an. Sie empfangen Ihren Mann jeden Abend in einem perfekten Haushalt, und er sieht es nicht. Sie haben etwas bis ins Detail geplant, und es geht durch Zufälle alles schief.
- *Grübeln:* Sie können gedanklich nicht loslassen. Sie machen sich dauernd Sorgen um Ihre berufliche und private Zukunft.
- *Mobbing:* Sie werden mit Aufgaben betraut, die weit unter Ihrem Niveau liegen. Sie werden von Meetings ausgeklammert, bei denen Sie bisher unverzichtbar waren. Sie werden von Kollegen nicht mehr gegrüßt.
- *Trauer:* Sie kommen über Ihre Scheidung nicht hinweg. Sie versinken am Todestag Ihrer Mutter jedes Jahr wieder in eine depressive Stimmung. Ihr Hund ist überfahren worden, und Sie denken an nichts anderes mehr.

Was passiert bei Stress im Organismus?

Von Vorgängen, die unter die Haut gehen

»Stress ist etwas Chaotisches«, sagen die einen. »Stress hat mit Hormonen zu tun«, sagen die anderen. »Stress ist Nervensache«, sagen Dritte.

Es scheint so, als sei Stress ein keineswegs geordneter Vorgang. Und das glauben wir gern, denn dann sind wir nicht daran Schuld, wenn wir mit unserem Stress nicht fertig werden – der ist eben unberechenbar.

Doch die Physiologen können diese Vorstellung leicht widerlegen: Die Stressreaktion läuft so geordnet ab wie eine vielfach geprobte Feueralarmübung.

Der Start im vegetativen Nervensystem

Es geht in einem System los, das wir gerne geringer schätzen als das viel besser bekannte zentrale Nervensystem (ZNS), bestehend aus Gehirn, Rückenmark und den Nervenbahnen bis in die Muskeln und die übrigen Organe.

Wofür das ZNS zuständig ist, wissen wir: Es sorgt für unser Denken, unsere Gefühle, unseren Bewegungsablauf, für unsere bewussten Aktionen und Reaktionen. Das ZNS ist uns vertraut, das vegetative Nervensystem hingegen ist uns nicht ganz geheuer, weil es macht, was es will, und leider oft das, was wir nicht wollen. Kein Zufall, dass es auch autonomes Nervensystem genannt wird und aus zwei Gegenspielern besteht, dem Sympathikus und dem Parasympathikus, die nichts Besseres zu tun haben, als sich abwechselnd an die Macht zu drängeln, denn es kann immer nur einer das Sagen haben.

Der Parasympathikus will Ruhe haben im Revier, damit wir friedlich verdauen und schlafen können, die Stoffwechselfabrik in der Leber still vor sich hin arbeiten kann und der ganze Organismus Zeit hat, wieder nachzuladen.

Der Sympathikus hingegen ist ein reiner Unruhegeist. Typisch, dass die Stressreaktion ausgerechnet bei ihm losgeht: Er beschleunigt den Herzschlag und die Atmung, er treibt den Blutdruck hoch, jagt das Blut aus dem Bauchraum in die Muskeln, damit wir sofort zuschlagen oder davonrennen können. Er sorgt für die totale Kampfbereitschaft.

Der hormonelle Start

Er wird in der Mitte des Gehirns, im Hypothalamus gezündet. Dort werden nun die Botenstoffe freigesetzt, die die alarmierende Nachricht vom Stress verbreiten und in der Hirnanhangsdrüse (Hypophyse) die Ausschüttung weiterer Substanzen bewirken. Diese erreichen im Rekordtempo über die Blutbahn Hormondrüsen und bringen unter anderem in der Nebenniere das berüchtigte Stresshormon Adrenalin in Umlauf.

Die Folge: Der gesamte Organismus ist in Alarmzustand versetzt. Er weiß, jetzt muss etwas passieren. Davonrennen, sich durch

Flucht retten. Oder kämpfen, dreinschlagen, losschreien, sich abreagieren. So oder so: Wir kämen auf diese Weise wieder heraus aus dem Alarmzustand, kämen zur Besinnung und würden uns beruhigen.

Kämen? Würden? Was hindert uns denn daran?

Das, was sich Zivilisation nennt. Die sozialen Verhaltensregeln und Umgangsformen, der anerzogene Zwang zur Selbstbeherrschung und die Kontrolle der Affekte, die von uns erwartet wird.

Daueralarm macht krank

Wir dürfen den Chef nicht anbrüllen, die Mutter nicht verdreschen, aus der Konferenz nicht türenschlagend flüchten, dem Kunden den Krempel nicht vor die Füße schmeißen, den Kollegen nicht ohrfeigen oder den Streit unterwegs dadurch beenden, dass wir aus dem fahrenden Auto springen.

Der Alarmzustand bleibt also erhalten, die Glocken schrillen weiter. Und das hält der Organismus nicht beliebig lange aus. Er greift zu einer Notmaßnahme und setzt Kortisol frei – er verteilt quasi Beruhigungspillen an die gesamte Belegschaft. Leider geht das nicht ohne Nebenwirkungen vor sich; alles wird schläfrig und matt. Auch das Immunsystem.

Und damit steht Eindringlingen alles offen: Viren und Bakterien haben leichtes Spiel. »Nur ein in seiner Abwehr geschwächter Organismus wird krank«, hat schon der Medizin-Nobelpreisträger von 1908, Paul Ehrlich, gesagt.

Marathonläufer sind trotz ihres durchtrainierten Körpers in den Tagen nach dem Lauf besonders anfällig für Infektionen, speziell der Atemwege. Männer wie Frauen werden deutlich häufiger krank nach einer Trennung vom Partner oder wenn der Partner gestorben ist. Menschen, die einen Alzheimer-Kranken bei sich zu Hause betreuen, zeigen von da an eine erhöhte Anfälligkeit für Infekte und ihre Wundheilung ist verzögert.

Das heißt: Die Langzeitbelastung durch Stress, ob physischer oder psychischer Natur, schwächt die Immunabwehr.

Stress-Info

Nachrichten aus dem Psycholabor (1)

384 gesunde Testpersonen gaben in einem Stressfragebogen Auskunft über die Belastungen in ihrem Alltag.

Dann bekam ein Teil von ihnen Nasentropfen mit einem Erkältungsvirus verpasst, die anderen bekamen neutrale Tropfen. Unter Quarantäne zeigten sich Krankheitssymptome umso eher, je höher die Testperson ihre Belastung im Fragebogen eingeschätzt hatte, und zwar unabhängig von anderen Faktoren wie ungesunder oder gesunder Ernährung, Rauchen, Schlafqualität und Blutwerten.

Informationssystem Botenstoffe

Es fragt sich natürlich: Wie können Zellen, die für die Immunabwehr zuständig sind, vom Stress erfahren? Wer informiert sie über diesen Alarmzustand?

Es ist noch nicht lange her, dass nachgewiesen werden konnte, wie dieser Nachrichtenaustausch funktioniert.

Wir wissen nun, dass sich auf den Immunzellen Rezeptoren für Neurotransmitter, also für Botenstoffe des Gehirns, befinden. Wenn durch den Stress Adrenalin ausgeschüttet wird und in hoher Konzentration in der Blutbahn unterwegs ist, können die Immunzellen das registrieren: Hier ist was los – Ausnahmezustand!

Ein weiterer Informationsweg führt direkt über das Nervengeflecht des Sympathikus in lymphatische Organe wie die Lymphknoten. Die dort befindlichen Abwehrzellen sind ebenfalls mit solchen Rezeptoren ausgestattet, das heißt: Sie können die verschickten Informationen verstehen und darauf reagieren.

Wir wissen außerdem, dass die Abwehrzellen auch die durch Stress freigesetzten Hormone wie Cortisol, Wachstumshormon und Prolactin registrieren und davon beeinflusst werden.

Stress für den Organismus

Stress heißt für den Organismus Arbeit, Arbeit, Arbeit. Und zwar in vielen Abteilungen.

Üblicherweise funktioniert die Müllabfuhr für die durch Zellteilung und Zelltod dauernd anfallenden Zelltrümmer ganz ruhig: Die Fresszellen (Makrophagen) schaffen den Schutt routiniert beiseite, auch wenn der Organismus sich gerade erholt, also im Schlaf. Durch Stress fällt nun Sondermüll an, aggressive Freie Sauerstoffradikale, und es werden Entzündungsmediatoren freigesetzt (zum Beispiel Interleukin 1 oder Tumor-Nekrosefaktor alpha). Durch diese Zusatzaufgaben schaukelt sich die Aktivität der Müllabfuhr (Fresszellen) auf.

Sie fangen nun an, bei ihrer Arbeit selber Entzündungsmediatoren zu produzieren. Dadurch sollen neue Zusatzkräfte mobilisiert, also weitere Fresszellen aktiviert werden. Doch die sind nicht mehr hilfreich – im Gegenteil: Sie werden zum Problem, indem sie unerfreuliche Dinge tun. Sie dringen in die Gefäßwände der Arterien ein und sorgen dort für eine höchst unerwünschte Fetteinlagerung, die Arteriosklerose. Die Blutgefäße werden dadurch immer enger, und das Blut kann nicht mehr ungehindert fließen. Wenn sich das Ganze in den Herzkranzgefäßen abspielt, kommt es zum Herzinfarkt – die Spätfolge von Dauerstress.

Dauerstress, das klingt wie eine lästige, aber eigentlich harmlose Störung. Aber allein der gerade geschilderte Vorgang beweist: Stress ist einer der größten und aggressivsten Saboteure eines im Grunde genial regulierten Systems.

Denn er setzt an allen möglichen Stellen an und greift auch in weniger bekannte Funktionsbereiche negativ ein. Zum Beispiel in die so genannte Grundregulation.

Stress-Info

Was bedeutet Grundregulation?

Spezialisierte Zellen wie die der Muskeln, der Leber oder der Hormondrüsen (1) sind etwas Besonderes: Kein Blutgefäß, kein Nerv kann sich direkten Zugang zu ihnen verschaffen. Eine so genannte Basalmembran (2) umgibt sie wie eine Mauer.

In dem lockeren Bindegewebe (3) jedoch, das außerhalb dieser Mauern liegt, findet ein reger Verkehr statt. Die feinsten Blutgefäße (Kapillaren) geben dort ihren Sauerstoff, die mitgeführten Hormone und Botenstoffe ab und nehmen Stoffwechselprodukte und das Kohlendioxid auf, um sie abzutransportieren.
Das Problem: Alle Stoffe müssen erst noch die Transitstrecke zwischen Kapillare und Organzelle hinter sich bringen. Das schaffen sie umso besser, wenn das lockere Bindgewebe die richtige Beschaffenheit besitzt, also das Durchkommen leicht macht.

Dieses Bindegewebe besteht aus einem feinen Netzwerk aus Zuckerkomplexen und Zucker-Eiweiß-Komplexen (8), in das kollagene und elastische Bindegewebsfasern (4) eingeflochten sind. Produziert wird dieses Netz von Bindegewebszellen (Fibroblasten) (7). Aber keineswegs immer nach demselben Rezept, sondern abhängig von dem aktuellen Zustand des Organismus. Wie es dem gerade geht, erfahren die Fibroblasten nicht nur durch die Botenstoffe in den Kapillaren, sondern auch durch die Nervenfasern (5), sympathische wie parasympathische, die in der Grundsubstanz enden.

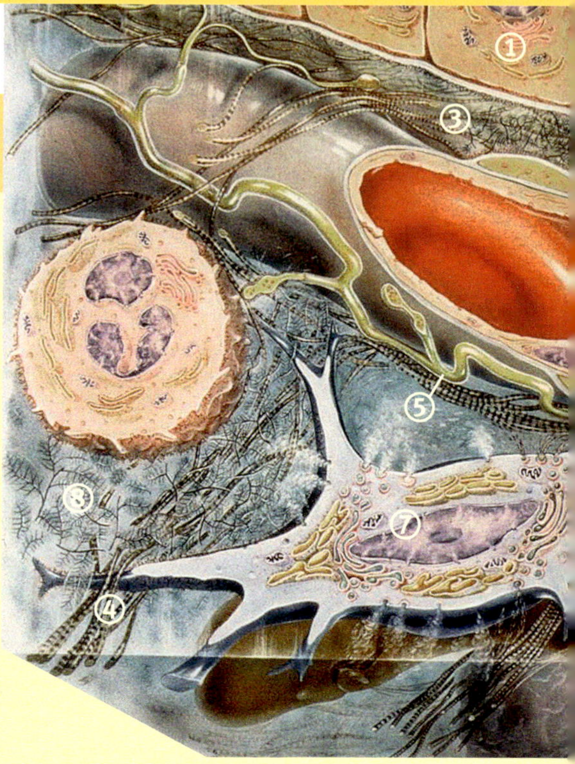

Befindet sich der Organismus im Stress, werden die Fibroblasten umgehend informiert und verändern ihre Rezeptur. Damit verändert sich auch die Struktur des Netzwerks. Weil es als Molekülsieb dient, ist es für die Gesundheit des Organismus von elementarer Bedeutung, dass dieses Sieb in der richtigen Weise durchlässig ist, also zum Beispiel Glukose, Sauerstoff und Blutfette durchlässt, anderes aber zurückhält.

Bei chronischem Stress funktioniert dieses Sieb nicht mehr, wie es soll, und die Grundsubstanz

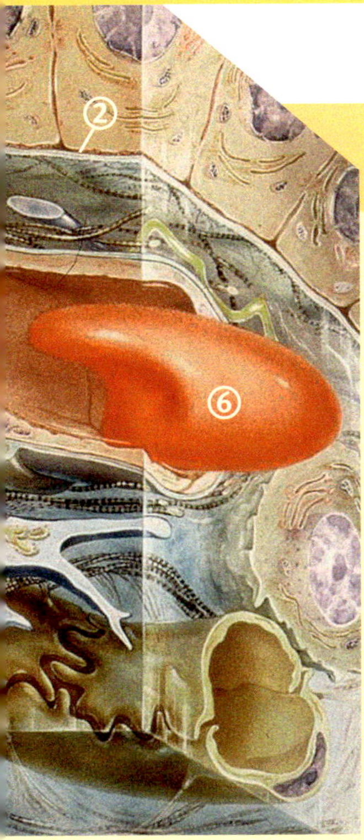

Die Grundsubstanz – das lockere Bindegewebe, in dem sich die Grundregulation abspielt.

verschlackt. Der nötige An- und Abtransport wird eine mühsame Angelegenheit, weil er durch die Schlacken behindert wird. Durch diese Ablagerungen wird das Gewebe zudem angesäuert. Und diese Übersäuerung beschert noch mehr Störungen in der Grundsubstanz: Freie Radikale, die durch den Stoffwechsel entstehen, können nicht mehr zügig beseitigt werden, und die roten Blutkörperchen (6) verkleben. Ist die Grundsubstanz in einem schlechten Zustand, spricht sich das im Organismus leider schnell herum. Denn über die Nervenfasern, die in der Grundsubstanz enden, wird auch das Gehirn voll darüber informiert, was dort gerade los ist.

Und warum tut manchen Menschen Stress regelrecht gut?

Jetzt also auch noch die Grundregulation. Offenbar ist nichts vor dem Stress sicher, der überall stört und zerstört. Nur: Wie kommt es dann, dass manchen Menschen Stress gut tut – und zwar so, dass es sich im Labor nachweisen lässt?
Dabei spielt natürlich eine Rolle, um welche Sorte Stress es sich handelt. Die gängige Unterscheidung in Disstress, also negativen, und Eustress, also positiven Stress, berücksichtigt das ja längst. Die überbordende Freude bei der Geburt eines Kindes, der unerwartete Bühnenauftritt samt Applaus, der Überraschungsbesuch von besonders lieben Freunden, das Herumspringen eines Tennisspielers, der schwitzend dem Ball nachjagt – all das sind schöne Stresserlebnisse.
Entscheidend dafür, ob sich eine Stressbelastung aufbauend und anregend oder vielmehr entkräftend und entnervend bemerkbar macht, sind verschiedene weitere Faktoren.

Die Stressfaktoren

Die Dauer

♦ Er läuft seit Jahren Langstrecke, mittlerweile Marathon. Und jedes Jahr wirft ihn ein paar Mal eine schwere Grippe aufs Lager. Seine Freundin joggt, und zwar nur dann, wenn sie gerade Lust und Zeit hat. Im Durchschnitt zweimal die Woche, keine halbe Stunde. Warum nur ist sie so aufreizend gesund? Sie fängt sich fast nie etwas ein und wenn, dann macht sie die Grippe im Stehen ab. »Das ist eben Veranlagung«, sagt er. »Das ist Physio-Logik«, sagt sein Arzt. Und zeigt ihm, was im Organismus bei ihm, dem Marathonläufer, und was bei seiner Freundin, der Lustjoggerin, passiert.

Stress-Info

Nachrichten aus dem Psycholabor (2)

Einer gesunden Versuchsperson werden 0,2 Milligramm Adrenalin unter die Haut gespritzt. Wird danach die Anzahl der Killerzellen im Blut gemessen, zeigt sich ein deutlicher Anstieg. Auch die Aktivität der Killerzellen wird durch diese Injektion erhöht. Wird aber dem Probanden nun zeitgleich mit der Adrenalinzufuhr ein Brausebonbon verabreicht, dann genügt nach mehreren Wiederholungen allein das Brausebonbon, um die Killerzellen zu vermehren und zu aktivieren.

Dieser verblüffende Befund zeigt, dass die Immunabwehr ein System ist, das konditioniert werden kann. Es funktioniert genau wie bei den berühmten Pawlowschen Hunden: Wenn sie gefüttert wurden, hörten sie gleichzeitig einen Glockenton. Nach einigen Tagen bewirkte allein der Glockenton, dass den Hunden der Speichel aus dem Mund lief und messbar Magensaft produziert wurde.

Bei kurzer körperlicher Belastung erhöht sich durch den Adrenalinausstoß die Anzahl der natürlichen Killerzellen, und ihre Einsatzbereitschaft nimmt zu. Das heißt, die Abwehrfunktion des Körpers wird gestärkt. Bei Langzeitbelastungen, bei denen ein Mensch bis an die Grenzen seiner Leistungskraft geht, kommt es dagegen zur Cortisolausschüttung, die bestimmte Immunmechanismen schwächt.

Die Persönlichkeit

◆ Alle vier machen sie dasselbe durch: einen Urlaub, der mehr und mehr zum Desaster gerät. Das angemietete und nicht gerade billige Ferienhaus ist verwahrlost, eine Ratte springt aus dem Schlafzimmer, als sie es betreten, das heiße Wasser funktioniert nicht. Und dann sintflutartige Regenfälle, die ganze erste Woche lang. Als sie am achten Tag abbrechen und heimreisen, ist jeder anders dran. Derjenige, der alles perfekt geplant und sich wie ein Kind gefreut hatte auf den Urlaub, hustet und schnupft. Seine Frau, die von vornherein gewarnt hatte vor diesem Abenteuer in der Basilicata – »Die sind dort doch alle kriminell!« – leidet an einem akuten Hautausschlag und macht ihrem Mann im Auto auf der Heimfahrt endlose Vorwürfe. Der Freund, der resigniert erklärt, bei ihm sei bisher noch jeder Urlaub vermasselt gewesen, ist deprimiert und jammert über Halsweh. Nur die Vierte im

Bunde ist nach wie vor guter Laune. Eigentlich sei das Ganze doch saukomisch. Filmreifer Slapstick eigentlich, diese Panik vor einer kleinen Ratte. Und nach dem gelungenen Versuch, ein Feuer in dem nie benutzten Kamin zu entfachen, sei es doch drinnen richtig gemütlich gewesen. Also sie fühle sich topfit und erholt.

So lehrbuchreif läuft es zwar nicht immer ab, aber nachweisbar haben die Charaktereigenschaften eines Menschen starken Einfluss darauf, wie schädlich sich Stress auf seine Immunabwehr auswirkt.
Wer sich oft ärgert und gerne mit anderen anlegt, wer zu Ängsten und Depressionen neigt und sich selbst an allem die Schuld gibt, ist von vornherein anfälliger dafür, vom Stress krank zu werden. Er hat zum Beispiel nachweisbar weniger Immunglobulin A im Speichel, das auf Widerstandskraft schließen lässt.
Menschen, die Sinn für Humor haben, über sich und ihre Situation lachen können, die Gabe haben, nachsichtig zu sein mit den eigenen Schwächen und denen der anderen, geben dem Stress weniger Chance, sich auf ihre Immunabwehr auszuwirken. Bei ihnen wird durch belastende Erlebnisse das Immunglobulin A deutlich weniger abgesenkt.

Die Kontrollmöglichkeit

◆ Der Test ist anstrengend. Die Teilnehmer werden in drei Gruppen eingeteilt, in Einzelkabinen gesteckt und wiederholt einer hohen Lärmbelastung ausgesetzt. Die erste Gruppe trifft es am härtesten, denn sie haben keine Möglichkeit, den Geräuschterror irgendwie zu beeinflussen. Die Teilnehmer der zweiten Gruppe können das Getöse abstellen, indem sie einen bestimmten Schalter genau nach Vorschrift bedienen. Die in der dritten Abteilung haben zwar genau so einen Abstellknopf vor sich, aber er bewirkt nichts. Die Probanden bilden sich folglich ein, es läge an ihnen, weil sie bei der Bedienung einen Fehler gemacht hätten, und hoffen, beim nächsten Mal werde es klappen.

Dass bei der armen ersten Gruppe die Immunabwehr messbar geschädigt wird, wundert keinen. Und dass in der zweiten Gruppe, die sich selbst von dem Stressor befreien kann, die Immunkräfte fast gar nicht reduziert werden, leuchtet ebenfalls ein. Erstaunlich aber ist das Ergebnis der dritten Gruppe: Obwohl sie effektiv nichts gegen den Lärm unternehmen konnte, wurde bei ihnen die Immunabwehr kaum reduziert. Das heißt, bereits der Glaube, etwas tun zu können gegen das, was stresst, schützt vor den Stressschäden.
Das Erfreuliche an solchen Erkenntnissen: Wir können Einfluss darauf nehmen, was und wie viel der Stress in unserem Organismus anrichtet. Es klingt ironisch, aber es ist hilfreich, sich mit dem Stress anzufreunden und einzusehen: Stress ist keine infame Erfindung der Natur, sondern ein in jeder Hinsicht sinnvolles System. Das zeigt sich zum Beispiel daran, wie er Lernprozesse beeinflusst.

Stress-Info

Nachrichten aus dem Psycholabor (3)

Was tut sich im Kopf, während wir lernen? Die moderne Gehirnforschung macht es möglich, genau das mit neuen, bildgebenden Verfahren zu beobachten, die sichtbar machen, in welcher Gehirnregion gerade am meisten los ist. Das wurde für folgenden spannenden Test genutzt.

Probanden wurden Bilder gezeigt, die sie entweder in eine positive oder eine negative Stimmung versetzten. Mal war es das bedrohliche Bild eines Hais mit aufgesperrtem Rachen, mal ein süßes Kindergesicht mit leuchtenden Augen, das geküsst wurde. Direkt danach wurde jeweils ein neutrales Wort präsentiert. Später sollten die Probanden sich an die Wörter erinnern. Am besten gemerkt hatten sie sich diejenigen, die sie nach den positiven Bildern aufgenommen hatten. Bei der Speicherung dieser Wörter war immer dieselbe Hirnregion die aktive gewesen: die so genannte Hippocampus-Region. Nach den negativen, auch erschreckenden Bildern waren die Wörter ebenfalls gespeichert worden, aber über eine andere Stelle: die Amygdala (zu Deutsch: Mandelkern).

Was macht das für einen Sinn? Es ist bekannt, dass Informationen, die über den Mandelkern gespeichert werden, jedes Mal, wenn sie abgerufen werden, zur Stressreaktion führen. Das ist aber keine Gemeinheit des Gehirns, sondern eine geniale Hilfestellung. Denn bei drohender Gefahr ist Angst lebensrettend. Sie lässt uns extrem schnell, wie im Reflex, reagieren. Und das ist gut so, denn geistige Kreativität könnte hier zu einem sehr unkreativen Ende führen.

Wenn aber kreatives Denken und ungehindertes Assoziieren gefragt sind – zum Beispiel in Prüfungssituationen –, müssen wir uns auf anderem Weg Zugang zur gespeicherten Information beschaffen: über den Hippocampus. Denn er ist aktiv gewesen, als wir – in entspanntem Zustand – gelernt haben. Leider sind wir im Examen selten so richtig entspannt. Und die Angst, die uns in einer lebensgefährlichen Situation rettet, blockiert uns in der Prüfung.
Die Amygdala wird zum Hindernis: Sie engt ein. Die Gedanken drehen sich im Kreis. Der Kandidat hängt fest.

Hilfreich ist es, sich selbst vor einer Prüfung positiv zu beeinflussen. Sagen Sie sich, sobald Sie wieder an die bevorstehende Situation denken: »Der Prüfer wird mich mögen, wir werden uns gut verstehen und uns sympathisch sein.«

Angst blockiert die Kreativität

Sicher ist: Angst und Stress stehen der freien gedanklichen Entfaltung im Weg. Das ist bei Gefahr lebensrettend, in Prüfungssituationen hinderlich. Und der Hauptgrund dafür, dass bei Kreativteams in deutschen Firmen, Universitäten oder Seminaren das Brainstorming, also die phantasievolle gemeinsame Suche nach völlig neuen Lösungen, nicht wirklich funktioniert. Warum?

- Weil bereits in der Schule jeder Fehler sofort kritisiert und korrigiert wird und jeder verinnerlicht hat: Es gibt nur falsch und richtig und das Falsche muss sofort beseitigt werden.
- Weil derjenige, der das Brainstorming nur protokollieren soll, fast immer schon bewertet, indem er einige Ideen notiert, andere aber nicht – die guten ins Töpfchen, die schlechten ins Kröpfchen.
- Weil die Teilnehmer eines Brainstormings es nicht ertragen, dass andere völlig untaugliche Ideen äußern, und sofort Einwände dagegen ins Feld führen, anstatt einfach alles zu sammeln.

Das heißt: Das Spielerische, das jedes Brainstorming haben sollte, geht verloren. Wer Angst hat, etwas Falsches zu sagen, kann nicht mehr kreativ sein.

Seien Sie neugierig!

Mit dem Stress verhält es sich wie mit den Ideen beim Brainstorming: Wer ihn von vornherein negativ bewertet, engt sich selbst ein und nimmt sich die Chance, über die Mechanismen von Stress etwas Neues zu erfahren. Je mehr wir jedoch darüber wissen, desto besser können wir mit ihm umgehen und ihn daran hindern, uns zu schaden. Und das ist ein nahezu kriminalistischer Sport.

Wer seinem Stress, seiner persönlichen Art, auf Stress zu reagieren, auf die Spur kommen will, muss sich wie ein Kriminalist verhalten, der nach immer genaueren und zuverlässigeren Erkennungsmethoden sucht, um ausfindig zu machen, von wo Gefahr droht, wo sich welche Risiken verbergen. Das heißt, je mehr diagnostische Möglichkeiten wir nutzen, um individuelle Stressfolgen vorherzusagen, desto erfolgreicher werden wir in der Vorbeugung sein.

Kein Zufall, dass Sicherheitsexperten und Heilkundige dasselbe entdeckt haben: Es gibt einen Ausweis, der individueller als jeder Fingerabdruck über die Einmaligkeit eines Menschen informiert – die Iris.

Modernste Sicherungsanlagen nutzen diese Tatsache bereits. Nicht der Klang der Stimme, sondern die Wiedererkennung der Regenbogenhaut des Auges gibt das Signal, ob sich dem Besucher die Tür öffnet oder nicht.

Die DNA gilt allgemein als das sicherste und statistisch vielfältigste Kennzeichen unseres Körpers, doch die Iris übertrifft sie: Nicht einmal eineiige Zwillinge haben eine identische Iris vorzuweisen. Kein Wunder also, dass sich mittlerweile Ministerien, Haftanstalten, Flughäfen und sogar Gelddruckereien dieses Erkennungssystems bedienen.

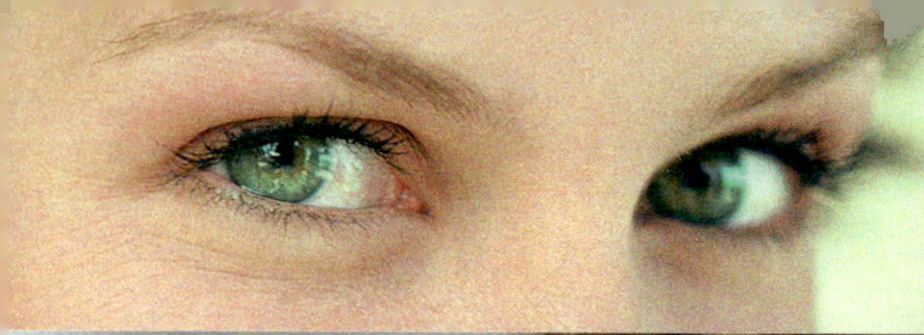

Dem Stress auf der Spur

Um den Stress aufzuspüren, sind alternative Methoden oft besser geeignet als die klassischen. Mit Hilfe der Irisdiagnostik oder der Traditionellen Chinesischen Medizin erhalten wir Einblick in bestimmte stressgeschädigte Bereiche, die von der Schulmedizin gar nicht erfasst werden.

Wenn Sie durchschauen wollen, was Sie krank macht, dann lassen Sie sich in die Augen sehen – vom Irisdiagnostiker.

DIE AUGEN – FENSTER DER SEELE

»Schau mir in die Augen, Kleines«, sagt er. Und jeder weiß, was Rick damit meint: Er wird in ihren Augen erkennen, was sie denkt, ohne es zu sagen.
Diese Szene in »Casablanca« gehört zu den berühmtesten der Filmgeschichte, weil darin gesagt wird, wovon wir alle überzeugt sind: dass die Augen die Fenster der Seele sind. Jeder weiß, dass sich aus den Augen Gefühle und Stimmungen ablesen lassen. Als echtes Lächeln wird nur eines empfunden, das bis in die Augen geht. Und dem »bösen Blick« trauen abergläubische Menschen auch heute noch zu, unheilvolle Kräfte zu entfalten.
Wir leben im so genannten optischen Zeitalter, wir erleben die Vorherrschaft des Sehens über die anderen Sinne. Befragt, auf welchen Sinn sie am wenigsten verzichten können, nennen fast alle den Sehsinn. »Ich glaube das erst, wenn ich es mit eigenen Augen gesehen habe«, erklären wir; nur Augenzeugen gelten als glaubwürdig.

Informationssystem Auge

Wir gehen also davon aus, dass wir mit den Augen die Wahrheit erkennen und dass sich in den Augen selbst seelische Wahrheit zu erkennen gibt. Trotzdem ist es noch immer unüblich, das Auge wirklich zu nutzen als den besten Informanten über Dinge, die von außen ansonsten

Irisdiagnostik

Die Erforschung der Iris – kurzer Abriss einer langen Tradition

1881 veröffentlicht der ungarische Arzt Dr. med. Ignaz von Péczely in Budapest eine Broschüre mit dem Titel »Entdeckungen auf dem Gebiet der Naturheilkunde. Anleitung zum Studium der Diagnose aus den Augen«.

1893 veröffentlicht der schwedische Pfarrer Niels Liljequist das Buch »Om Oegendiagnosen«.

1936 gibt der Iridologe Hans Struck einen groß angelegten Überblick über die bis dahin geleistete Pionierarbeit zahlreicher weiterer Irisforscher.

1953 erscheint das Standardwerk des Geistlichen und Heilpraktikers Josef Angerer: »Handbuch der Augendiagnostik«.

1954 publizieren der Arzt Dr. med. Franz Vida und der Heilpraktiker Josef Deck ihre »Klinische Prüfung der Organ- und Krankheitszeichen in der Iris«, die sie in den Jahren 1950 bis 1954 in der Ersten Medizinischen Klinik der Städtischen Krankenanstalten Karlsruhe durchgeführt haben. Unter Leitung von Prof. Dr. med. Ernst Volhard verglichen Vida und Deck die Zeichen in der Iris mit den klinischen Befunden, Röntgenbildern, Operations- und gegebenenfalls Sektionsergebnissen der Patienten. 640 Fälle sind in dieser Arbeit dokumentiert; bei 74,4 % davon brachte die Irisdiagnostik übereinstimmende Befunde mit den anderen Untersuchungstechniken. Und lieferte damit positiv verwertbare diagnostische Hinweise auf Organerkrankungen. Den Forschern ist bewusst, dass ihre Methode sich damit noch immer nicht die Anerkennung der Schulmedizin erkämpft hat. Aber: »Die Tatsache«, sagt Prof. Dr. med. Ernst Volhard zu dieser Untersuchung, »dass die Projektion auf die Iris noch nicht endgültig erklärbar ist, kann kein Beweis gegen die Erscheinung selbst sein.«

1991 Die beiden richtungsweisenden Schulen für Iridologie, die Deck-Schule Ettlingen und die Angerer-Schule München, stimmen ihre Erkenntnisse aufeinander ab und legen sich auf eine gemeinsame Iris-Topographie fest.

1997 gibt das »Felke-Institut für Aus- und Fortbildung in Iridologie und Ganzheitstherapie« in Heimsheim die »Topographische Übersicht der Iris« in dritter Auflage überarbeitet von Rudolf Stolz heraus, basierend auf der Grundlagenforschung von Deck und Angerer.

nicht zu erkennen sind. Mehr noch: als ein Informationssystem, das Auskunft gibt über angeborene Schwächen, über individuelle Krankheitstendenzen und organische Anfälligkeiten. Aber auch darüber, wie wir auf Stress reagieren und wo sich seine Folgen festsetzen werden. Das alles kann die Irisdiagnostik leisten.
Eine Diagnosetechnik, die hochaktuell, aber keineswegs neu ist.

Erfahrungen mit der Irisdiagnostik

◆ Sie hat längst das Gefühl, dass ihr kein Arzt helfen kann. Schließlich hat sie nichts unversucht gelassen – EKG und EEG, Blutbild, Stuhluntersuchung und Kreislauftest hat sie hinter sich. Keinerlei Befund, hat es überall geheißen. Und sie wirkt ja auch nicht kränklich, sie hat nur etwas zu viel auf den Knochen.
Aber es ändert sich nichts an ihrem Problem. Jeden Mittag, wenn die Kollegin bei ihr im Büro vorbeischaut und sie mitnehmen will in die Kantine, hat sie zwar Lust auf einen netten Ratsch beim Essen. Aber auch Angst, dass sie wieder dieses unangenehme Gefühl überkommen wird, diese Mischung aus Schwindel, Zittrigkeit und Übelkeit. Sie geht trotzdem mit, und wenn ihr dann wie immer, wenn sie in der Warteschlange bei der Essensausgabe steht, schwummrig wird, sie Angst hat, es falle ihr gleich das Tablett aus der Hand, dann murmelt sie irgendeine Entschuldigung und zieht sich zurück in ihr Büro.
Irgendwann werden ihr die Ausreden zu mühsam, und sie erklärt, es sei ihr lieber, einfach nur ein Sandwich am Schreibtisch zu essen, weil sie über Mittag am besten arbeite und keine Zeit verlieren wolle. Wahrscheinlich, meint ihre Hausärztin zu guter Letzt, sei das Ganze psychosomatisch. »Kann es sein, dass Ihnen die vielen Menschen in der Kantine Angst einjagen und Ihnen das einfach Stress macht?«
Kann sein. Die Patientin landet bei einem Arzt für Psychotherapie. Nachdem er ihr zugehört hat, fragt er: »Darf ich Ihnen mal ins Auge schauen?« Er bittet sie auf einen Hocker vor ein Untersuchungsgerät wie beim Augenarzt und sagt nach ein paar Minuten: »Ist in Ihrer Familie jemand zuckerkrank?« Sie verneint. »Aber wurden Sie schon mal auf Blutzucker untersucht?« fragt er weiter. »Nicht, dass ich wüsste«, sagt sie. Der Arzt empfiehlt ihr, nicht nur den Nüchtern-Blutzucker bestimmen zu lassen, sondern auch ein Tagesprofil, also mehrere Zuckermessungen am Tag, und eine Glukose-Belastung durchzuführen. Als sie das nächste Mal auftaucht, hat sie das Laborergebnis vom Kollegen in der Hand: Der Internist hat Diabetes diagnostiziert. Die Patientin ist verblüfft, der Irisdiagnostiker nicht.
»Jetzt will ich aber wissen, wie Sie da drauf gekommen sind«, fragt sie. »Im Pankreas-Sektor der Iris ist eine deutliche Lakune zu sehen«, sagt er. »Ein Hinweis darauf, dass Sie eine Organschwäche in der Bauchspeicheldrüse haben. Und die ist bekanntlich für die Insulinproduktion

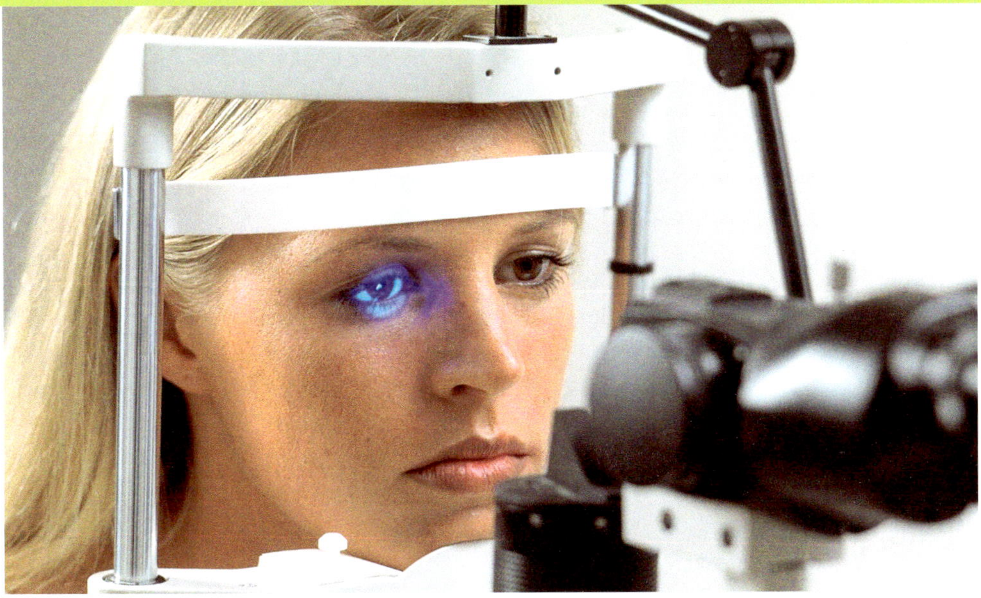

Einblick gewinnen: Der Irisdiagnostiker verwendet ein Mikroskop wie der Augenarzt.

verantwortlich. Bei verzögerter Insulinausschüttung können paradoxerweise Zustände von Unterzucker auftreten.«
Sie lebt nach dieser Diagnose so wie jeder Mensch mit leichtem Diabetes. Sie hat auf Rat des Internisten abgenommen, isst mehrere kleine Mahlzeiten am Tag und hat immer ein paar Traubenzuckertabletten bei sich, um sie zu lutschen, wenn ihr wegen des Unterzuckers flau und schwummrig wird. Seither sind die Probleme in der Kantine wie weggeblasen.

Was den meisten Patienten bei ihrer ersten irisdiagnostischen Untersuchung wie ein Wunder vorkommt, beruht auf einer Erfahrungswissenschaft, die davon ausgeht: Die Iris (Regenbogenhaut) liefert Informationen über den Genotyp eines Menschen, also über genetisch vererbte Eigenschaften und Krankheitstendenzen, aber auch über erworbene Eigenschaften wie durchlittene Erkrankungen und Anfälligkeiten, die durch seine Lebensweise bedingt sind. Fragt sich also: Warum wird diese Untersuchung nicht von jedem Hausarzt durchgeführt, wo sie doch keinen großen technischen Aufwand erfordert und zudem frei ist von gesundheitlichen Belastungen für den Patienten?

Schulmedizin kontra Irisdiagnostik

Dass die Schulmedizin die Irisdiagnostik noch ignoriert, hat mehrere Gründe.

- Die Iridologie wird nicht als wissenschaftliche Methode anerkannt. Denn die Schulmedizin kann derzeit theoretisch noch nicht erklären, weshalb sich in der Iris angeborene und erworbene Krankheitsneigungen zeigen sollen.

➤ Die Iridologie wurde von der akademischen Forschung links liegen gelassen, denn die wird überwiegend von der Pharmaindustrie finanziert, die ausschließlich daran interessiert ist, mit neu entwickelten Medikamenten möglichst viel Geld zu verdienen.

➤ Die Iridologie ist für den Arzt heute keine sehr ökonomische Untersuchungsmethode. Als sie erforscht und entwickelt wurde, war es noch üblich, die Diagnose durch genaue Erkundung des Patienten zu erstellen: Der Arzt musste genau hinschauen, hinhören und tasten. Heute verfügen die Ärzte über einen hochtechnisierten Gerätepark, mit dem mittlerweile die Standarduntersuchungen durchgeführt werden. Die Iridologie zu erlernen ist zeitaufwendig, denn sie erfordert lange Erfahrung, und die Untersuchung kann nicht an Hilfspersonal oder an Geräte delegiert werden.

Es gibt eine gemeinsame Basis

Auch wenn die Iridologie wissenschaftlich nicht anerkannt ist, gilt es doch in der Schulmedizin als selbstverständlich, dass sich in der Iris Erbanlagen und Krankheitsneigungen zeigen können.

➤ Die Schulmedizin erkennt die Mendelschen Gesetze an, das heißt, dass die Augenfarbe erblich ist. Doch sie hat sich nie die Frage gestellt, ob die vererbte Augenfarbe etwas aussagt über den ebenfalls erblichen Konstitutionstyp eines Menschen. Die Iridologie hingegen unterscheidet analog zur Augenfarbe in

a) den hämatogenen Konstitutionstyp mit braunen Augen,
b) den lymphatischen Konstitutionstyp mit blauen, grünen oder grauen Augen,
c) den Mischkonstitutionstyp mit blauen Augen, in denen zur Mitte hin braune Pigmente eingelagert sind.

➤ Die Schulmedizin erkennt an, dass der so genannte Lipoidring, ein weißgrauer Reif am äußeren Rand der Iris, ein Anzeichen ist für erhöhte Blutfette, was bei jüngeren Menschen als Warnsignal für Arteriosklerose gilt. Die Iridologie hingegen sieht nicht nur in der Einlagerung von Fettstoffen, sondern auch in der Einlagerung anderer Stoffe, zum Beispiel von Pigmenten, in der Iris Hinweise auf Störungen im Organismus.

➤ Die Schulmedizin lehrt, dass der Sympathikus die Pupille erweitert, der Parasympathikus sie verengt; es wird nur untersucht, ob dieser Reflex funktioniert oder eine einseitige Pupillenveränderung vorliegt. Die Iridologie hingegen deutet darüber hinaus die chronisch verengte oder erweiterte Pupille als Hinweis auf chronische Fehlsteuerungen und lebhaftes Pupillenspiel (eng/weit) als Hinweis auf Unausgewogenheiten im vegetativen Nervensystem.

Dass das menschliche Auge etwas aussagen kann über individuelle Anlagen und Krankheitsneigungen, ist also auch in der Schulmedizin unbestritten. Sie folgt den Iridologen aber nicht in der sehr viel weitergehenden Nutzung des Auges als Informationssystem.

Die Zeichen in der Iris

Die Irisdiagnostiker erkennen in der Iris nicht nur die Konstitution eines Menschen, sondern auch seine Disposition zu bestimmten Krankheiten.

Augenfarbe: die Konstitution

Die Konstitution, erkennbar an der Augenfarbe, zeigt die angeborene Veranlagung, mit bestimmten Funktionsbereichen wie dem Blutkreislauf oder dem Immunsystem zu reagieren. Was den Stress angeht, heißt das: Der Konstitutionstyp verrät dem Experten, ob ein Mensch bei

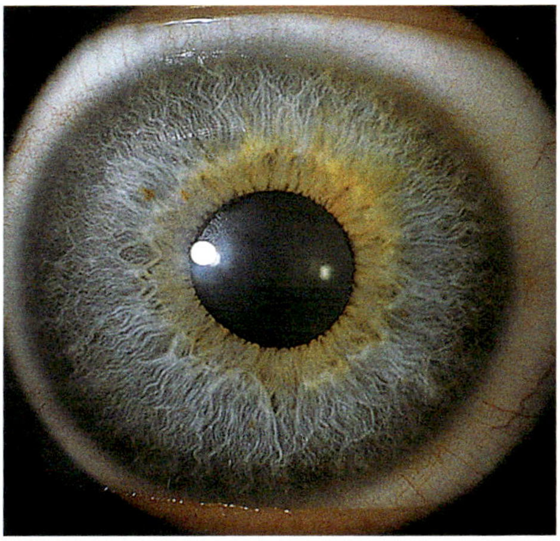

1 *Der lymphatische Konstitutionstyp (blaue, auch grüne und graue Iris): Typisch sind Anfälligkeiten des lymphatischen Systems, also der Abwehrfunktionen (wie Mandelentzündungen), und entzündliche Reaktionen des Bindegewebes, Schleimhautkatarrhe (wie Bronchitis, Harnwegsinfekte).*

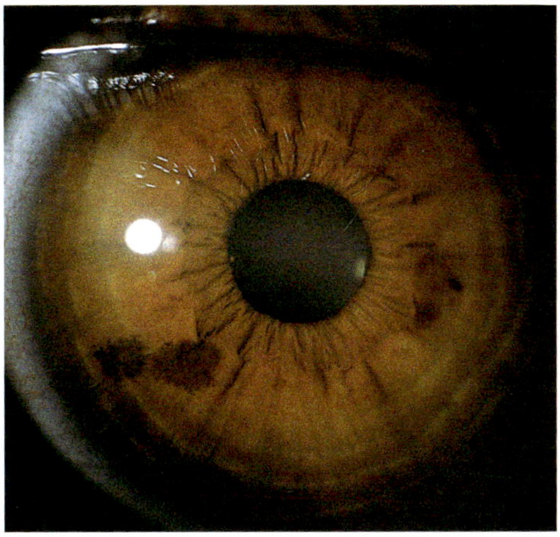

2 *Der hämatogene Konstitutionstyp (braune Iris): Typisch für ihn sind Störungen in der Blutzirkulation wie im Stoffwechsel und schleichende, degenerative Krankheiten. Er neigt dazu, sich zu überlasten.*

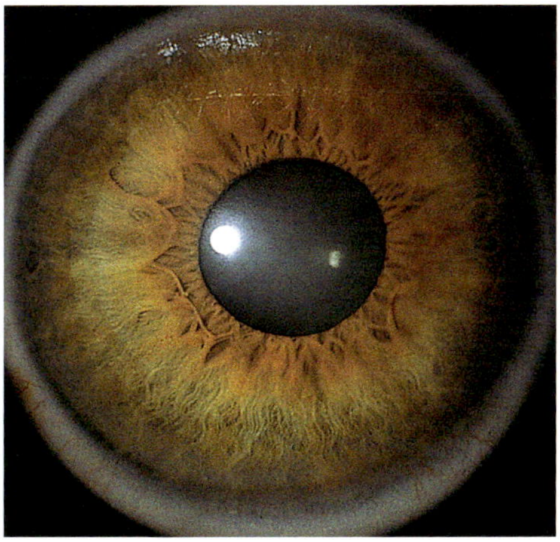

3 *Der Mischtyp (blaue Iris mit braunen Pigmenteinlagerungen zur Mitte hin): Typisch sind Störungen im Leber- und Gallesystem und im Verdauungstrakt, Verkrampfungen und spastische Durchblutungsstörungen.*

extremer Belastung zum Beispiel mit Durchblutungsstörungen oder Abwehrschwäche reagieren wird.

Spezielle Zeichen: die Disposition

Die Disposition, erkennbar durch das Irismikroskop an speziellen Zeichen, bedeutet: konkrete, angeborene Krankheitstendenzen. Was den Stress angeht, heißt das: Der Dispositionstyp verrät dem Experten, an welchen Organen sich die Folgen von Stress im Organismus dieses Menschen auswirken bzw. festsetzen werden. Denn er zieht seine Rückschlüsse daraus, wo sich die jeweiligen Zeichen in der Iris befinden.

Lange Erfahrung hat eine klare Zuordnung bestimmter Sektoren der Regenbogenhaut zu bestimmten Organen und Körperregionen ermöglicht; weil darauf der gesamte Organismus wie auf einer Landkarte abgebildet ist, spricht die Iridologie auch von der Topographie der Iris.

Typische Signale in der Iris

Es ist verblüffend, wie vielfältig die sichtbaren Veränderungen einer Iris sein können. Nur einige Beispiele:

- Helle Reizfasern und Quellungen weisen auf akute entzündliche Prozesse hin.
- Dunklere Lakunen, also Lücken im oberen Deckblatt der Iris, verweisen auf schon länger bestehende, abbauende Prozesse und Organschwächen.
- Dunkle, tiefer gehende Krypten (rhombische Defekte) gelten als Hinweis auf chronische Prozesse, etwa Geschwüre.
- Schwarze, meist nur punktförmige, aber am tiefsten gehende Defekte zeigen eine Gewebszerstörung an und die Tendenz zur Bösartigkeit.
- Transversalen, also schräg verlaufende Fasern verweisen, wenn sie ein Blutgefäß enthalten, auf Blutstau beziehungsweise Durchblutungsstörungen, sie finden sich aber auch bei genetischen Anlagen zu bösartigen Erkrankungen.
- Pigmentflecken, die einzeln auftreten, zeigen an, dass eine chronische Fehlfunktion eines Organs vorliegt.

Anzeichen für Stresssymptome

Bestimmte Dispositionszeichen sind für die Vorbeugung und Behandlung von Stressbeschwerden besonders hilfreich. Zum Beispiel …

- die so genannten Krampfringe: konzentrische Ringe, die eine Neigung zur Muskelverspannung anzeigen. Diese Ringe kommen bei der braunen Iris besonders häufig vor. Typische Stresssymptome sind dann Rückenschmerzen, Spannungskopfschmerzen, nächtliches Zähneknirschen, krampfartige Gefäßverengung, die zu Durchblutungsstörungen führt: kalte Hände, kalte Füße, Hörsturz oder Ohrgeräusche (Tinnitus), bis hin zur Angina pectoris und zum Herzinfarkt (Abbildungen 2 und 3, Seite 37).
- die so genannten Neurohäkchen oder Neuronetze: Irisfasern, die nicht wie Radspeichen von innen nach außen verlaufen, sondern sich umbiegen, Widerhaken und Netzstrukturen bilden. Sie verweisen auf

die neurogene Disposition, also eine geringe Belastbarkeit, die nervlich bedingt ist. Typische Stresssymptome: Reizbarkeit, rasche Erschöpfung, Nervosität (Abbildung 1, Seite 37).

Mit solchen Zeichen kommt ein Mensch bereits auf die Welt, er bringt von vornherein seine spezifische Art mit, auf Stress zu reagieren. Denn wie die Konstitution ist auch die Disposition angeboren.

Darüber hinaus kennen die Iridologen noch Zeichen für die so genannte Diathese, die auch im Laufe des Lebens entstehen können: durch anhaltende krank machende Faktoren wie Dauerstress.

➤ Ein Beispiel dafür ist die Übersäuerungsdiathese. Sie zeigt sich in weißlichen Aufhellungen und weist hin auf eine Neigung zu Gastritis und Magengeschwür (siehe Abbildung rechts). Auch erhöhte Harnsäure, die zu Gicht und Nierensteinen führt, bildet sich als Übersäuerungsdiathese ab.

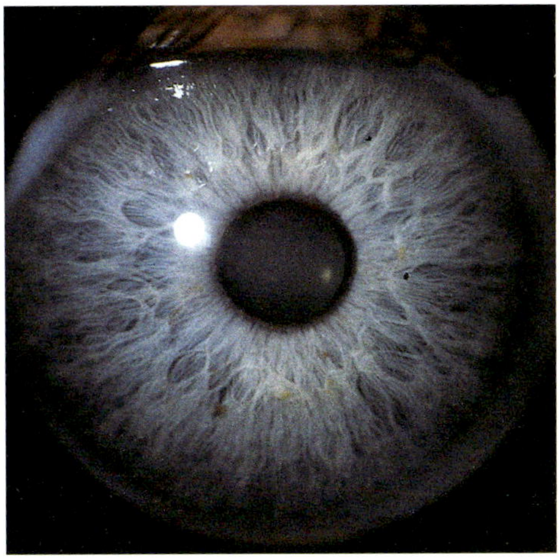

Übersäuerungsdiathese: Die Krausenzone um die Pupille herum, die den Magen-Darm-Trakt abbildet, ist weiß aufgehellt.

Medizin der Zukunft

Die Irisdiagnostik könnte populärer werden, wenn bekannt wird, dass sie ähnliche Vorteile bietet wie die Erfassung von Krankheitsrisiken durch genetische Diagnostik. Denn auch sie ermöglicht, generelle Krankheitsneigungen, etwa zu Entzündungen oder degenerativen Veränderungen, frühzeitig zu erkennen – anstatt später Schadensbehebung zu betreiben und erst dann Organ für Organ vom jeweiligen Facharzt symptomatisch behandeln zu lassen. Eine neue Medizin müsse die Organgrenzen überwinden und durch den Blick in die Gene Dispositionen erkennen, hat der Gastroenterologe Dr. med. Stefan Schreiber, Sprecher des nationalen Genomforschungsnetzes, erklärt.

Dass die Medizin der Zukunft eben das leisten muss, unterschreiben nicht nur Forscher und Ärzte, das unterschreibt auch jeder Politiker, jede Krankenkasse und jeder vernünftige Laie, der über die Finanzierung unseres Gesundheitswesens nachdenkt:

Nicht Krankheiten zu behandeln, sondern Erkrankungen vorzubeugen, muss das Ziel sein. Das gilt auch für den am weitesten verbreiteten Krankmacher unserer Zeit – den Stress.

Zehn nahe liegende Fragen

Was kann die Irisdiagnose leisten?

1. Wenn die Augenfarbe Aufschluss gibt über bestimmte Krankheitsneigungen, müssten doch in Ländern, wo eine Augenfarbe stark vorherrscht, auch bestimmte Krankheiten vorherrschen – zum Beispiel in den braunäugigen mediterranen Ländern der Herzinfarkt und in blauäugigen skandinavischen Ländern die Infektionskrankheiten.

➤ Eben nicht, weil für jede Erkrankung noch weitere Faktoren verantwortlich sind. In den mediterranen Ländern wirkt die Ernährung – zum Beispiel die viel zitierte Kreta-Diät mit reichlich Gemüse und Obst, Olivenöl, Rotwein und Knoblauch – dem Infarktrisiko ebenso entgegen wie die gelassene, langsamere Lebensart dort. In den skandinavischen Ländern gehört die Sauna, ein bewährtes Mittel zur Stärkung der Immunabwehr, von Kindheit an zum Alltag der Menschen, so dass sie sich damit gegen Infektionen wappnen. Das zeigt, dass die richtige Lebensweise anlagebedingten Risiken vorbeugen kann.

2. Was bringt es, wenn der Arzt in meiner Iris eine angeborene Schwäche der Niere erkennt, obwohl ich noch nie Scherereien damit hatte?

➤ Sie brauchen klinisch (noch) nicht krank zu sein, auch wenn Sie genetisch nicht gesund sind. Aber wenn Sie wissen, dass Sie an der Niere einen Schwachpunkt haben, können Sie das, was die Niere gar nicht mag, vermeiden. Zum Beispiel Windsurfen ohne Neopren-Anzug, wobei der nasse Rücken im Luftzug auskühlt. Irisdiagnostik ist präventiv. Sie soll Krankheiten verhindern.

3. Meine Großmutter und meine Mutter hatten beide eine schwere Schilddrüsenerkrankung. Kann der Arzt an meiner Iris sehen, ob ich auch eine Anlage dazu habe?

➤ Wenn die Anlage erblich ist und Sie die mitbekommen haben, zeichnet sich das normalerweise in der Iris ab, auch wenn Sie noch keinerlei Beschwerden haben. Allerdings heißt es umgekehrt nicht, dass ein fehlendes Zeichen die Erkrankung völlig ausschließt – es ist wie bei anderen Vorsorgeuntersuchungen auch, etwa bei der Mammographie, wo es keine hundertprozentige Garantie gibt, dass jede Gefährdung auch erkannt wird (falsch negatives Ergebnis) oder dass es keinen Fehlalarm gibt (falsch positives Ergebnis).

4. Wie eindeutig ist denn diese Landkarte in der Iris? Liegt wirklich bei jedem Menschen das gleiche Organ an der gleichen Stelle?

➤ Bei Organen, die im Körper nah beieinander liegen, kann es in der Iris zu Überschneidungen kommen. Zum Beispiel zwischen Bauchspeicheldrüse und Zwölffingerdarm. Deshalb ist es für die Bewertung des Befunds wichtig, eine genaue Anamnese, also Krankheitsgeschichte zu erheben, aktuelle Beschwerden zu erfragen und im Zweifelsfall zusätzliche Untersuchungen zu veranlassen. Die Irisdiagnostik ist keine alternative, sondern eine komplementäre, also ergänzende Diagnosemethode.

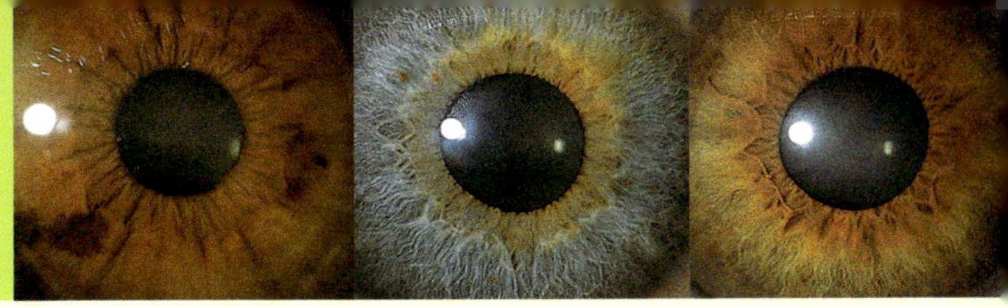

5. Frauen haben Organe, die Männer nicht haben und umgekehrt. Dann müsste doch die weibliche Iris generell anders aussehen als die männliche.

➤ Dort, wo sich in der weiblichen Iris die Eierstöcke abbilden, bilden sich in der männlichen die Hoden ab. Eine Region für die Prostata gibt es natürlich nur bei den Männern und für die Gebärmutter nur bei den Frauen.

6. Hat es etwas zu sagen, wenn die rechte und die linke Iris sehr unterschiedlich aussehen?

➤ Sie sehen nie gleich aus. Schon deshalb, weil paarig vorhandene Organe – wie die Eierstöcke – oder in der Körpermitte liegende – wie die Schilddrüse – sich spiegelbildlich in beiden Iriden abbilden. Und weil sich asymmetrische Organe vor allem auf der Seite abbilden, wo sie im Körper auch liegen; zum Beispiel die Leber rechts. Organe, die aber die Mittellinie überschreiten wie der Dickdarm, sind ihrem Verlauf entsprechend in beiden Augen auch in unterschiedlichen Abschnitten dargestellt; also der aufsteigende Teil des Dickdarms rechts, der absteigende links. Deswegen können die Krankheitszeichen sich unter Umständen nur in einem Auge zeigen.

7. Wie kann ich denn überprüfen, was der Arzt alles in meiner Iris gesehen haben will?

➤ Ganz einfach: Die modernen Irismikroskope sind üblicherweise mit einer Kamera ausgestattet. Der Arzt kann Ihnen also auf dem Foto zeigen, was durch das Mikroskop in Ihrer Iris zu sehen ist.

8. Macht es Sinn, eine Irisdiagnostik zu wiederholen?

➤ Ja, wenn es beim ersten Mal bereits Hinweise auf eine latente, schwerwiegende Erkrankung gibt. Besonders, wenn die in der Familie vermehrt aufgetreten ist. Dann kann der Iridologe den Verlauf kontrollieren und auf Zeichen achten, die auf eine Aktivierung hinweisen. Selbstverständlich wird er in solchen Fällen auch andere Vorsorgeuntersuchungen empfehlen.

9. Wie schnell lassen sich in der Iris akute gesundheitliche Probleme, zum Beispiel eine Nierenbeckenentzündung, erkennen?

➤ Das hängt von der Augenfarbe ab. In einer blauen Iris sind etwa Reizfasern und Quellungen, die Anzeichen für entzündliche Prozesse, früher und besser zu erkennen, weil sie nicht wie im braunen Auge von Pigmenten überdeckt werden.

10. Der Volksmund behauptet ja, die Augenfarbe verrate etwas über den Charakter – blaue Augen stehen für Treue, braune für Leidenschaft, grüne für Erotik, aber auch Unberechenbarkeit. Ist das aus iridologischer Sicht reiner Humbug?

➤ Ja, so ist das schierer Blödsinn. Aber es gibt natürlich Zeichen in der Iris, die auf bestimmte psychische Eigenschaften hinweisen – wie Ängstlichkeit, Belastbarkeit, Nervosität oder Unausgeglichenheit. Und damit durchaus auf das, was einen Charakter ausmacht. Aber die kann nur der Iridologe erkennen, nicht der Laie mit bloßem Auge.

Zeichen, die den Weg weisen: die fünf Schriftzeichen für Holz, Feuer, Erde, Metall und Wasser, jene fünf Wandlungsphasen, auf denen die TCM beruht.

TCM – DIE TRADITIONELLE CHINESISCHE MEDIZIN

◆ Vielleicht war es der Streit mit dem Kollegen, der die Tür nie schließt. Vielleicht auch die Ankündigung seines Chefs, er müsse morgen mit ihm unter vier Augen reden. Es war jedenfalls ziemlich genau um fünf, er war wie üblich um diese Zeit noch im Büro, als er diesen jähen Schmerz im Brustkorb spürte. Er konnte nicht mehr durchatmen, sein Herz klopfte bis zum Hals, ihm wurde schlecht und in seinem Kopf stand nur ein Wort: Infarkt. Mit Blaulicht hatten sie ihn dann ins Krankenhaus gefahren. Und dort hatte er alles über sich ergehen lassen, Blutabnahme, Notfall-EKG, Infusion. Aber gefunden wurde nichts. »Ihr Herz ist kerngesund.« Damit hatten sie ihn heimgeschickt. In der Woche darauf wiederholt sich das Ganze, diesmal zu Hause, vor dem Fernseher. Dieselbe Prozedur wie das letzte Mal. Und dasselbe Ergebnis: kein krankhafter Befund am Herzen. »Ich bin doch kein Simulant«, sagt er und meldet sich beim Herzzentrum an; jetzt sollen die Experten herausfinden, was mit ihm los ist. Langzeit-EKG, Belastungs-EKG, Echokardiogramm. »Sie leiden an funktionellen Beschwerden«, erklärt ihm der Kardiologe. »Das heißt, Ihr Problem ist nicht organisch, sondern wahrscheinlich psychisch.« Er verordnet ihm ein Beruhigungsmittel. Das schluckt er nur ein einziges Mal, denn

er kann es sich nicht leisten, im Job am Schreibtisch einzuschlafen.
Bei seiner dritten Herzattacke wird seine Frau aktiv. Sie fährt ihn zu dem Arzt, der ihrer Freundin so geholfen hat – »mit chinesischer Medizin«.
Das klingt in seinen Ohren allerdings nach esoterischen Praktiken, und denen gegenüber ist er äußerst skeptisch. In der Praxis kaum Geräte; stattdessen redet der Arzt lange mit ihm, stellt ihm ungewohnte Fragen nach seinen Arbeits- und Essgewohnheiten, will seine Zunge sehen und fühlt minutenlang seinen Puls an beiden Handgelenken. »Ihr Herz ist in seinem Yang-Aspekt energetisch geschwächt durch Überarbeitung und zu wenig Erholungsphasen«, erklärt er schließlich.
Setzt ein paar Akupunkturnadeln beim Patienten, schreibt ihm ein Rezept für chinesischen Arzneitee, den er die nächsten Wochen regelmäßig trinken soll, gibt ihm weitere Akupunkturtermine und den Tipp, sein Büro am Wochenende konsequent nicht zu betreten.
Ein Vierteljahr später kann er es noch immer nicht recht glauben: Es ist nie mehr eine Herzattacke aufgetreten.

Schwache oder gestaute Energie macht krank

Eigentlich wissen wir alle mehr über Stress, als uns bewusst ist. Wir müssten uns nur selber zuhören.
»Es hat sich derart viel Arbeit angestaut bei mir«, heißt die gängige Klage über den Job, »dass ich nicht mehr weiß, wie ich das jemals schaffen soll.«
»Was mich am meisten nervt, ist der tägliche Stau auf dem Weg ins Büro – und dann auch noch am Wochenende, auf dem Weg ins Grüne«, jammert so gut wie jeder Autofahrer.
»Ich spüre richtig, wie sich mein Ärger anstaut gegen ihn«, gestehen wir der Freundin, wenn wir den Stress in der Partnerschaft nicht mehr aushalten.
Der Stau scheint geradezu ein Symbol zu sein für das, was uns Menschen in der so genannten modernen Gesellschaft am meisten stresst. Und Stau meint einfach: Der Fluss ist blockiert. »Es fließt«, vermelden wir beglückt, wenn wir in der Arbeit richtig gut weiterkommen. »Flow« hat der Glücksforscher Mihaly Csikszentmihalyi das Gefühl benannt, das alle seine Probanden als Inbegriff des Glückserlebnisses beschrieben haben.

Uraltes, weltweites Wissen

Genau diese Vorstellung liegt der östlichen Medizin zu Grunde. Was da im gesunden Organismus ungehindert fließt, nennt sich in China »Qi«, in Indien »Prana«. Wird dieser Energiefluss durch Verschleiß geschwächt oder durch Blockaden gestaut, ist Krankheit die Folge. Bereits im China der Han-Dynastie, also zwischen circa 200 Jahre vor und 200 Jahre nach Beginn unserer Zeitrechnung, basierte die Heilkunde auf diesem Prinzip.
Was heute weitgehend vergessen ist: Dieses einfache und einleuchtende Modell

war ungefähr zur selben Zeit auch in der westlichen Medizin bekannt: »Pneuma« wurde in einer medizinischen Lehre Griechenlands im ersten nachchristlichen Jahrhundert jenes Mittelding zwischen Kraft und Stoff genannt, das nach dieser Theorie mit dem Blut alle Organe durchdringt. Das Pneuma gibt dem Organismus die Lebensenergie, die körperliche wie die seelische. Ist der Fluss des Pneuma gestört, werden wir krank.

Von der ganzheitlichen zur mechanistischen Sicht von Krankheit

Westliche wie östliche Medizin basierten also damals auf einer ganzheitlichen Vorstellung, in der psychische und physische Phänomene nicht voneinander getrennt wurden. Organisch fassbare und nicht fassbare Erscheinungen wurden zusammen gedeutet.
Erst im 19. Jahrhundert hat der berühmte Pathologe Rudolf Virchow die Existenz einer solchen Lebensenergie – wie Qi, Prana oder Pneuma – rundweg abgestritten. Er forderte eine »mechanische Medizin«, die ausschließlich auf Physik und Chemie gründet, und er war überzeugt, dass sich alle Fragen von Gesundheit oder Krankheit auf ein und dieselbe Weise beantworten ließen: mit den Methoden der modernen Naturwissenschaft und Technologie. Er trennte damit nicht nur *Psyche* und *Soma,* Seele und Körper voneinander, so dass die Bereiche in der westlichen Medizin später wieder zusammengeleimt werden mussten als Psychosomatik, er etablierte auch eine starre mechanistische Vorstellung: Leben ist für sein Verständnis nichts als die Summe gewöhnlicher physikalischer und chemischer Erscheinungen. Und Krankheit nichts anderes als Abweichung von der Norm, also eine partielle Störung, die partiell behoben werden kann; Virchow sprach von »Lokaltherapie«. Das bedeutete den Abschied vom ganzheitlichen Denken, das sich in der westlichen Medizin nur noch in der Psychotherapie, der Naturheilkunde und der Homöopathie erhalten hat. Den Abschied also von einer organischen Auffassung, die jede Krankheit als eine Beeinträchtigung des Ganzen versteht und ihre Heilung als Wiederherstellung eines energetischen Gleichgewichts, einer dynamischen Harmonie.

Die Lehre von den fünf Wandlungsphasen

Dass es für die chinesische Medizin grundlegend war, Gesundheit als einen dynamischen Prozess zu betrachten, verrät bereits die Lehre von den fünf Wandlungsphasen. Dass die oft als »Elemente« bezeichnet werden, ist eigentlich irreführend, denn sie sind nicht unveränderlich, sondern dauernd in Veränderung begriffen, im Wandel eben. In einer zyklischen Abfolge lösen sie einander ab; eine Phase geht aus der anderen hervor und mündet in der nächsten. Die Chinesen bezeichnen sie mit Holz, Feuer, Erde, Metall und Wasser. Diese fünf Elemente bilden die

Grundstruktur der chinesischen Denkweise und Naturphilosophie. Sie finden sich als ein Analogiesystem in allen Phänomenen, die sich in unserer Welt beobachten lassen. Ihnen werden alle anderen Erscheinungen zugeordnet: die Himmelsrichtungen und die Jahreszeiten, die Tageszeiten und die Farben. Und auch in der chinesischen Medizintheorie wird jeder der fünf Wandlungsphasen ein Organsystem, das heißt, ein ganzer Funktionsbereich zugeordnet. Auf dieser Einteilung basiert auch meine Unterscheidung der Stresstypen.

Die 5 Wandlungsphasen

Das Analogiesystem der fünf Wandlungsphasen

Element	Holz	Feuer	Erde	Metall	Wasser
Jahreszeit	Frühling	Sommer	Spätsommer	Herbst	Winter
Tageszeit	Morgen	Mittag	Nachmittag	Abend	Nacht
Klima	Wind	Hitze	Feuchtigkeit	Trockenheit	Kälte
Farbe	Grün	Rot	Gelb, Braun	Weiß	Blau, Schwarz
Geschmack	sauer	bitter	süß	scharf	salzig
Lebenszyklus	Geburt, Wachstum	Blüte	Reife, Wechsel	späte Reife	Stagnation, Tod
Organe	Leber, Gallenblase	Herz, Dünndarm	Milz-Pankreas, Magen	Lunge, Dickdarm	Niere, Blase
Sinne	Augen	Zunge	Mund	Nase	Ohren
Verhalten bei Stress	Kontrolle, Selbstbeherrschung	Traurigkeit, Überdrehtheit	Grübeln, Essstörung	Verlustangst	Zittern
Emotionen	Güte, Zorn	Freude, Hass	Mitgefühl, Sorge	Mut, Trauer	Milde, Angst
Klangfarbe der Stimme	laut, schreiend	lachend, kichernd	melodisch, singend	weinend	stöhnend, tief
Qualität in der Beziehung	spontan	leidenschaftlich	genießerisch	zielstrebig	romantisch

Sinnbild chinesischen Denkens: Das Yin-und-Yang-Symbol zeigt, dass Gegensätze einander bedingen und jedes das andere in sich trägt.

- Die Wandlungsphase Holz entspricht dem Funktionsbereich Leber,
- die Wandlungsphase Feuer entspricht dem Funktionsbereich Herz,
- die Wandlungsphase Erde entspricht dem Funktionsbereich Magen,
- die Wandlungsphase Metall entspricht dem Funktionsbereich Lunge und
- die Wandlungsphase Wasser dem Funktionsbereich Niere.

Die Stresstypen habe ich nach den jeweiligen Funktionsbereichen benannt, als Leber-, Magen-, Herz-, Lungen- und Nierentyp, weil sie unter Stress genau dort ihre typischen Symptome entwickeln. In den Kapiteln zu den einzelnen Stresstypen werden diese Funktionsbereiche kurz charakterisiert (ab Seite 58).

Die Traditionelle Chinesische Medizin basiert auf einer sehr komplexen, ganzheitlichen Weltsicht, die zu beschreiben nicht Aufgabe dieses Buches sein kann, das ja kein Lehrbuch zur TCM sein will. Im Rahmen dieses Buches soll es genügen, das zu erklären, was für unser Thema Stress wichtig ist.

Auch ein weiteres Grundschema im chinesischen Denken, die Lehre von Yin und Yang als den beiden gegensätzlichen Aspekten, die in allen Erscheinungen der Natur und des Lebens erkannt werden können, soll hier nicht ausführlicher erläutert werden. Denn darüber ist schon mehr als genug geschrieben und geredet worden (Buchtipps siehe Seite 123). Hier geht es nicht um die Theorie, sondern um die Praxis.

Die Kontroverse: westlich oder östlich?

Welche Vorteile bietet nun die TCM ganz konkret gegenüber unserer konventionellen Medizin, wenn es um Stress geht?

Psychosomatische Diagnose

- Die westliche Medizin ist zwar überlegen, wenn es um schwere Erkrankungen geht, die starke allopathische Medikamente, operative Eingriffe oder Intensivmedizin erfordern – also dort, wo es um lebensbedrohende Krankheiten geht. Die Folgen von Stress aber äußern sich zuerst einmal als funktionelle Beschwerden, das heißt, ohne krankhafte organische Veränderungen, auch wenn sie sich in Schmerzen oder anderen körperlichen (somatoformen) Symptomen zeigen. Hier nun ist die östliche Medizin überlegen, weil sie gar keine pathologischen Labor- oder Röntgenbefunde braucht.

Die östliche Medizin erstellt ihre Diagnose aufgrund genauer und vielfältiger Beobachtung von Körperhaltung, Gang und Bewegung, Klang der Stimme, Zustand der Haut und der Zunge. Der Puls wird gründlich und differenziert untersucht, es werden dabei circa dreißig unterschiedliche Pulsqualitäten erfasst. Bei der Anamnese erfragt der Arzt nicht nur die Krankheitsgeschichte, sondern erkundigt sich detailliert nach Lebensumständen und Ernährungsgewohnheiten, körperlichen wie emotionalen Belastungen. In der östlichen Diagnose werden also von vornherein physische wie psychische Aspekte registriert, das heißt der psychosomatische Zustand des Patienten.

Wirksame Prävention

➤ Während die westliche Medizin erst ansetzt, wenn eine Krankheit bereits ausgebrochen ist, versteht die östliche sich von jeher als Präventivmedizin. Gerade bei Stress ist es wichtig, rechtzeitig vorzubeugen und so zu verhindern, dass aus funktionellen Problemen organische werden. Die Vorsorgeuntersuchungen in der westlichen Medizin, zum Beispiel das Mammographie-Screening, oder vorbeugende Medikamentenbehandlungen, zum Beispiel die Hormonersatztherapie im Klimakterium, geben bisher mehr Anlass zu erbitterten Grabenkämpfen unter den Fachleuten als Anlass zur Hoffnung für die Patienten. Wer diese Szene kopfschüttelnd beobachtet, stellt fest: In Fragen der Vorbeugung ist die westliche Medizin so erfahren wie ein Panzerschütze in der Kunst des Bogenschießens.

Individuelle Behandlung

➤ Dass Stress ganz unterschiedliche Folgen zeitigen kann, ist bekannt. Doch dass auch ein und dasselbe Stresssymptom höchst unterschiedliche Ursachen haben kann, berücksichtigt nur die östliche Medizin. Denn sie ergründet die dahinter liegende energetische Störung. Das heißt: Zwei Patienten mit dem gleichen Beschwerdebild würden in der westlichen Medizin auch gleich behandelt. So würde man beiden gegen ein unerklärliches, juckendes Ekzem die gleiche Kortisoncreme verordnen. Die TCM hingegen erkennt unter Umständen dahinter zwei völlig unterschiedliche Ursachen und behandelt daher beide Patienten ganz verschieden.

Einfache Selbsthilfe

➤ Ohne Arzt geht fast nichts in der westlichen Medizin. Die östliche aber bietet neben der Akupunktur eine Technik an, die daraus abgeleitet ist und deren einfachere Anwendung auch der Laie lernen kann: die Akupressur.
Grundlage ist die Erfahrung, dass durch gezielte Einwirkung auf bestimmte Punkte der Körperoberfläche durch Nadelung (Akupunktur), Erhitzung (Moxibustion), Zwicken, Reiben und Klopfen (Tuina-Massage) oder Druck (Akupressur) der Energiefluss im Organismus beeinflusst werden kann.
Auch in der Schulmedizin ist das Phänomen bekannt, dass bestimmte Hautareale mit bestimmten inneren Organen korres-

pondieren, zum Beispiel der McBurney-Punkt am rechten Unterbauch: Tut die Haut dort bei Berührung plötzlich weh, zeigt das eine Blinddarmentzündung an.

Akupressur

Zwar beruht auch die Akupressur wie die Akupunktur auf einer komplizierten Geographie von Meridianen, also Energieleitbahnen im Körper, die der Arzt kennen muss, wenn er mit den Methoden der TCM arbeitet. Doch um sich selber bei wiederkehrenden Beschwerden zu helfen, für die keine organische Krankheitsursache gefunden werden konnte, genügt es, einige wenige, für den jeweiligen Stresstyp wichtige Punkte zu kennen; durch gezielten Druck mit dem Finger können sie stimuliert werden.

➤ Diese Stimulation können Sie unterschiedlich vornehmen. Zum Beispiel indem Sie den Punkt mit dem Daumen eine Minute lang rhythmisch drücken, zweimal pro Sekunde. Oder indem Sie mit dem Finger unter sanftem Druck eine kreisende Bewegung ausführen, bei der die Haut mit verschoben wird (der Finger soll nicht rutschen). Zum Abschluss sollten Sie die Stelle immer mit zwei oder drei Fingern sanft kreisförmig streicheln.

Typgerechte Ernährung

➤ Wenn ein Schulmediziner diätetischen Rat erteilt, hört sich das immer gleich an: Weniger tierisches Fett, wenn die Blutfettwerte erhöht sind, Salz weglassen, wenn der Blutdruck zu hoch ist. Das heißt: Die westliche Diätetik orientiert sich an der Waage und an den Laborwerten.

Die östliche Diätetik hingegen empfiehlt, mit einem kompletten Ernährungskonzept Krankheiten vorzubeugen und die Lebensenergie zu stärken. Dabei macht es Ihnen die TCM ganz einfach: Sie verordnet keine Pauschaldiät, sondern sie empfiehlt, die Ernährung so zu verändern, dass sie Ihrem Typ entspricht – denn nicht jedes Lebensmittel tut jedem Menschen gleich gut.

In der TCM wird allen Nahrungsmitteln je nach ihrem vorherrschenden Geschmack eine besondere Wirkung auf einen der Funktionsbereiche zugeschrieben. Darüber hinaus hat jedes Nahrungsmittel aus chinesischer Sicht ein bestimmtes Temperaturverhalten, das nichts zu tun hat mit der messbaren Temperatur der Speise. Es wird unterschieden in kalte, kühlende, neutrale, erwärmende und heiße Nahrungsmittel mit entsprechend unterschiedlichen energetischen Wirkungen. Wird eines als »erwärmend« eingeordnet, dann handelt es sich nicht unbedingt um eine heiße Suppe oder ein anderes warmes Gericht, sondern zum Beispiel um ein Kraut wie Rosmarin oder ein Gewürz wie Ingwer.

Daher gibt es für jeden Stresstyp und seine energetischen Bedürfnisse gute und schlechte, also geeignete und ungeeignete Nahrung. Aber keine Angst: Es gibt für jeden Typ genügend Erlaubtes, um sich daraus mühelos eine Kost zusammenzustellen, die so gut schmeckt, dass Sie gar nicht das Gefühl haben, irgendwelche Diätregeln zu befolgen.

Ausgleich der Energie

➤ Erschöpfung bis hin zum völligen Burn-out, die populärste Folge von Stress, wird in der westlichen Medizin als ein Symptom von Energieverschleiß gesehen. Doch Energy-Programme und Zeitmanagement machen das Ganze oft noch schlimmer. Warum? Genau diese Frage beantwortet die östliche Medizin. Denn sie weiß, dass Erschöpfung nicht nur ein Defizit an Energie bedeuten kann, sondern die Konsequenz von fehlgeleiteter, ungleich verteilter oder angestauter Energie (Qi) sein kann. (Auf Einzelheiten wie die Unterscheidung in Yin Xu beim Lebertyp und Yang Xu beim Herztyp soll hier nicht eingegangen werden.)

Emotionen

➤ Dass die Psyche bei Stresserkrankungen eine große Rolle spielt, gilt heute jedem als selbstverständlich. Verblüffend ist aber, dass die chinesische Medizin bereits in ihrer Entstehungszeit, also vor ungefähr zweitausend Jahren, davon ausging: Stressende Umweltfaktoren wie extreme Hitze oder Kälte, Trockenheit, Nässe oder Wind sind zwar die Auslöser von Krankheiten. Ihre eigentliche Ursache aber sind die Emotionen, die den Organismus schwächen und anfällig machen für eben jene äußeren Stressoren.

Wenn wir heute von Stresskrankheiten reden, taucht immer die Vorsilbe »über« auf. Überlastung oder Übermüdung, Überarbeitung oder Überforderung. Das heißt, es geht um ein Übermaß. Wenn in der chinesischen Medizin von krank machen-

Stress-Info

Wo wirken sich stressende Emotionen aus?

Emotion	Funktionsbereich
Heftiger Zorn und unterdrückte Wut	belasten den Bereich Leber
Exzessive Lust und plötzliche starke Gefühle wie Angst oder Freude	belasten den Bereich Herz
Übertriebenes Grübeln	belastet den Bereich Magen
Trennungsschmerz und unterdrückte Tränen	belasten den Bereich Lunge
Existentielle Furcht und Melancholie	belasten den Bereich Niere

Was Sie angreift? »Dass es zu viel wird.« Finden Sie heraus, was »es« ist. Denn was die einen nervt, regt die anderen an.

den Emotionen die Rede ist, dann sind das nicht nur negative, sondern übermäßige Emotionen, also solche, die zu stark sind, und solche, die zu lange andauern. Aber auch Emotionen, die unterdrückt werden, sich nicht äußern können, sich anstauen und so zu einem Überdruck führen. Sie belasten dann jeweils einen der Funktionsbereiche, nämlich das Organsystem, das ihnen entspricht.

Ist aber ein Funktionsbereich bereits geschädigt, sei es durch eine angeborene Schwäche oder durchlittene Krankheiten, dann zeigen sich die Stressfolgen bevorzugt an dieser Schwachstelle.

Beides aber ist individuell verschieden und kennzeichnend für jeden Menschen: mit welchen Gefühlen er reagiert oder überreagiert und wo seine wunden Punkte liegen.

Deswegen macht es Sinn, in Stresstypen zu unterscheiden. Und es braucht zuerst einmal keinen Arzt, nur die Bereitschaft zur Selbstbeobachtung und zu ehrlichen Selbstauskünften um festzustellen: Welcher Stresstyp bin ich eigentlich?

Welcher Stresstyp bin ich?

Kreuzen Sie auf dieser Liste den entsprechenden Buchstaben an, wenn eine Aussage auf Sie zutrifft.

	A	B	C	D
1. Wenn ich beide Hände voll zu tun habe und mich klingelt jemand raus, nur um ins Treppenhaus zu kommen und Werbung einzuwerfen, könnte ich aus der Haut fahren. (A)	☐	☐	☐	☐
2. Auch wenn ich mich noch so sehr auf den Urlaub freue – vor Reiseantritt bin ich aufgeregt und habe für nichts anderes mehr Nerven. (B)	☐	☐	☐	☐
3. Gerade dann, wenn ich es am allerwenigsten brauchen kann, blüht bei mir ein Pickel im Gesicht auf. (D)	☐	☐	☐	☐
4. Es hilft nichts, mir vorzusagen: Das setzt sich wieder auf deinen Hüften fest. Ich komme an keiner Konditorei vorbei, ohne mir etwas zu gönnen. (C)	☐	☐	☐	☐
5. Wenn ich nachts ein Geräusch in der Wohnung höre, dann erschrecke ich bis ins Mark. (B)	☐	☒	☐	☐
6. In Diskussionen bin ich absolut standhaft und gebe nicht klein bei. (A)	☐	☐	☐	☐
7. Es ist mir manchmal peinlich, aber ich kann nichts dagegen machen, dass mir mitten in der größten Freude die Tränen kommen. (B)	☐	☒	☐	☐
8. Was das Essen angeht, bin ich leider hypersensibel und muss wegen meiner Allergien auf vieles verzichten. (C)	☐	☐	☐	☐
9. Mich langweilt Fernsehen total, wenn man mich nicht zwischen den Kanälen herumzappen lässt. Ich will einfach mehrere Sendungen auf einmal verfolgen. (C)	☐	☐	☐	☐
10. Ich weiß nicht genau, was das bedeutet, aber ich habe nachts schon öfters geträumt, dass mir die Zähne ausfallen. (D)	☐	☐	☐	☒
11. Auch wenn ich gut und tief geschlafen habe, habe ich morgens oft ein Ziehen am Kiefer, als hätte ich die ganze Nacht etwas Zähes gekaut. (A)	☐	☐	☐	☐

	A	B	C	D
12. Wahrscheinlich wäre ich sehr erfolgreich, wenn man mir Gelegenheit gäbe, alle meine Ideen umzusetzen. (B)	☐	☐	☐	☐
13. Die anderen brauchen beim Essen immer länger als ich. (C)	☐	☐	☒	☐
14. Ich habe leider regelmäßig mit Leuten zu tun, bei denen ich Mühe habe, mich zu beherrschen. (A)	☐	☐	☐	☐
15. Obwohl ich wirklich viel leiste, träume ich heimlich davon, dass mich jemand rundherum versorgt. (C)	☐	☐	☐	☐
16. Ich erinnere mich leider gut, dass ich schon als Kind häufig Angina hatte. (D)	☐	☐	☐	☒
17. Ich hatte schon mal Angst, verrückt zu werden. (B)	☐	☐	☐	☐
18. Im Allergietest ist es nachgewiesen worden, dass ich allergisch bin gegen Hausstaub und bestimmte Tierhaare. (D)	☐	☐	☐	☐
19. Ich habe so gut wie jede neue Diät ausprobiert, aber ich werde mein Übergewicht einfach nicht los. (C)	☐	☐	☐	☐
20. Selbst wenn ich perfekt vorbereitet bin: Sobald ich vor mehreren Leuten reden soll, fangen mir die Hände an zu zittern, und ich kann das einfach nicht unterdrücken. (B)	☐	☐	☐	☐
21. Es ist schon vorgekommen, dass ich plötzlich einen gemeinen Pfeifton im Ohr hatte oder ein Rauschen, ohne dass ich hätte sagen können, warum. (A)	☒	☐	☐	☐
22. Eigentlich gehe ich gerne auf Partys, aber wenn ich dort neue Menschen kennen lerne, befürchte ich erst mal, dass sie mich nicht mögen werden. (B)	☐	☐	☐	☐
23. Egal, wie viel ich zu tun habe – ich muss die ganze Zeit ans Essen denken. (C)	☐	☐	☐	☐
24. Obwohl ich darauf achte, mich warm genug anzuziehen, erkälte ich mich leicht, kriege schnell Husten und bin oft verschleimt. (D)	☐	☐	☐	☐

	A	B	C	D
25. Bevor ich meine Tage bekomme, will ich möglichst in Ruhe gelassen werden. Ich bin dann empfindlich und nah ans Wasser gebaut. (A)	☐	☐	☐	☐
26. In Gesellschaft sprudle ich oft so vor Einfällen und Geschichten, dass andere mich vielleicht überdreht finden. (B)	☐	☐	☐	☐
27. Obwohl ich mich nicht einseitig ernähre, habe ich meistens Probleme mit Verstopfung und hartem Stuhlgang. (C)	☐	☐	☐	☐
28. Eigentlich gibt es keinen Anlass dazu, aber ich habe trotzdem dauernd Angst, verlassen zu werden. (D)	☐	☐	☐	☐
29. Regelmäßige Mahlzeiten in aller Ruhe sind bei mir leider nicht drin. (C)	☐	☐	☐	☐
30. Wegen meiner dauernden Rückenschmerzen war ich schon beim Orthopäden, aber der konnte mir auch nicht helfen. (A)	☐	☐	☐	☐
31. Manchmal befällt mich schlagartig eine panische Angst, ohne dass ich sagen könnte, wovor eigentlich. (B)	☐	☐	☐	☐
32. Ich achte beim Essen immer auf die Kalorien, weil ich auf keinen Fall fett werden will, obwohl alle sagen, ich sei eigentlich zu dünn. (C)	☐	☐	☐	☐
33. Ich bin schon einmal wegen eines juckenden Hautausschlags zum Dermatologen gegangen, aber der fand auch nicht heraus, woher das kam. (D)	☐	☐	☐	☑
34. Meine heimlichen sexuellen Phantasien gehen in Richtung Sadomaso. (A)	☐	☐	☐	☐
35. Dieser viel zitierte Spruch »Himmelhoch jauchzend, zu Tode betrübt«, der trifft auf mich wirklich zu. (B)	☐	☑	☐	☐
36. Wenn mich Heißhunger überfällt, dann esse ich, bis mir schlecht wird. (C)	☐	☐	☐	☐
37. Aus heiterem Himmel bekomme ich manchmal Nasenbluten. (A)	☐	☐	☐	☐

	A	B	C	D
38. Es hat nicht unbedingt mit der Arbeit oder irgendeinem anderen Druck zu tun, dass ich mich oft rastlos und wie getrieben fühle. (B)	☐	☒	☐	☐
39. Ich weiß, dass ich weniger trinken und rauchen sollte. (C)	☐	☐	☐	☐
40. Die Freude am Frühling wird mir leider jedes Jahr durch meine Pollenallergie verdorben. (D)	☐	☐	☐	☐
41. Wenn mich etwas bedrückt, dann kreisen meine Gedanken dauernd darum. (C)	☐	☐	☐	☐
42. Ich habe manchmal plötzliche Schweißausbrüche, ohne dass ich mich körperlich angestrengt habe. (B)	☐	☐	☐	☐
43. Egal, wie sehr ich jemanden liebe: Es fiel mir noch niemals leicht, zärtliche Gefühle zu zeigen. (A)	☐	☐	☐	☐
44. Wenn mich etwas aufregt, kriege ich starkes Herzklopfen und ein Druckgefühl in der Brust. (B)	☐	☐	☐	☐
45. Selbst wenn ich nicht so viel gegessen habe und auch nichts schwer Bekömmliches, habe ich hinterher ein Völlegefühl und eine Spannung im Bauch. (C)	☐	☐	☐	☐
46. Kalte Hände, kalte Füße – das ist bei mir ganz normal. (A)	☐	☐	☐	☐
47. Ich passe auf, dass ich mich unten herum nicht verkühle, trotzdem hatte ich immer wieder mit Blasenentzündung oder Harnwegsinfekten zu tun. (D)	☐	☐	☐	☐
48. Mein Zahnarzt hat mir eine Beißschiene verordnet, weil er an meinem Gebiss gesehen hat, dass ich nachts mit den Zähnen knirsche. (A)	☐	☐	☐	☐
49. Mir ist es peinlich, dass ich sehr oft mit Blähungen zu kämpfen habe. (C)	☐	☐	☐	☐
50. Sobald ich etwas unter Zeitdruck fertig kriegen will, kann ich mich kaum mehr konzentrieren und mir nichts mehr merken. (B)	☐	☐	☐	☐

Auflösung

Zählen Sie zusammen, wie oft Sie A, B, C oder D angekreuzt haben. Wahrscheinlich kommt einer der Buchstaben besonders häufig vor.

- Wenn Sie vor allem **A**-Aussagen bejaht haben, sind Sie ein Lebertyp.
- Wenn Sie vor allem **B**-Aussagen bejaht haben, sind Sie ein Herztyp.
- Wenn Sie vor allem **C**-Aussagen bejaht haben, sind Sie ein Magentyp.
- Wenn Sie vor allem **D**-Aussagen bejaht haben, sind Sie ein Lungentyp.

Vorsicht! Das muss nicht unbedingt heißen, dass Sie an dem betreffenden Organ erkranken werden. Wie in der TCM meint auch hier die Organbezeichnung Leber oder Herz nicht einfach das betreffende Organ, wie es die westliche Anatomie kennt, sondern einen Funktionsbereich.

Zum Beispiel wird nach der Theorie der TCM die Muskelspannung im Körper vom Bereich Leber kontrolliert. Was das für die Stressreaktion des Lebertyps bedeutet, wird in dem betreffenden Kapitel erläutert. Der Herztyp hat auch keinen Herzfehler und das Infarktrisiko ist bei ihm sogar geringer als beim Lebertyp, aber er neigt zu funktionellen, vegetativen Herzbeschwerden.

Der Mischtyp

Wenn sich Ihre Aussagen auf mehrere Buchstaben nahezu gleichmäßig verteilen, sind Sie ein Mischtyp. Der Mischtyp entsteht, wenn zu der angeborenen Konstitution, zum Beispiel Neurodermitis und allergische Tendenzen beim Lungentyp, eine erworbene Organschwäche hinzukommt, zum Beispiel Verdauungsbeschwerden durch ungesunde Essgewohnheiten von Kindheit an – also ein Problem des Magentyps. Als Mischtyp können Sie bei den entsprechenden Stresstypen dort nachlesen, wo Ihre aktuellen Stressprobleme angesprochen werden.

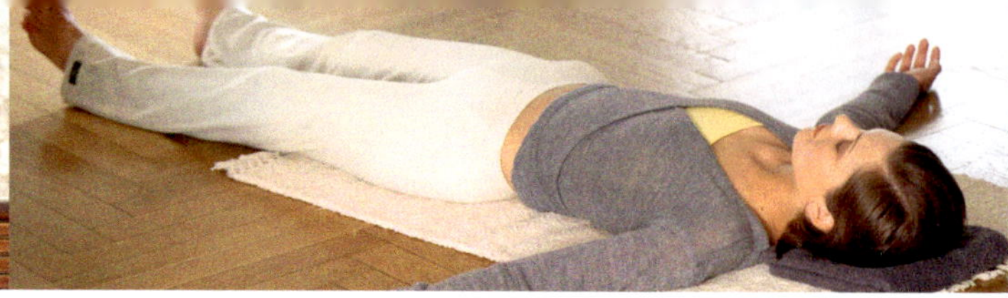

Typgerecht stressfrei

Hier folgt nun zur Theorie die Praxis: Sie erfahren, was Ihrem Stresstyp spezifisch hilft – im Job, in der Freizeit, in der Partnerschaft; welche Ernährung und welche Übungen für Sie optimal sind; und wie Sie mit einfachen Tipps und Tricks täglich erleben können: Jedes Stressproblem lässt sich lösen.

Sie haben sich voll im Griff. Aber Sie sind angespannt bis in die Fingerspitzen. Denn Selbstkontrolle ist ein Kraftakt.

DER LEBERTYP: DER BEHERRSCHTE

Motto: »Immer alles unter Kontrolle«

... im Berufsstress

◆ Sie lassen es niemanden spüren, wie viel Stress Sie haben. Sie gelten als freundlich und geduldig, bleiben sachlich und rasten nicht gleich aus, wenn etwas schief geht. Im Job würde es auch keiner mitkriegen, wenn Sie privat Sorgen haben. Denn Sie liefern alles termingerecht ab, leisten enorm viel, bleiben gewissenhaft und werden anderen gegenüber nicht ungerecht. Allerdings merken Sie, dass es Sie gewaltig Kraft kostet, sich selber dauernd zu beherrschen. Es gibt Tage, an denen Sie diese amerikanische Idee mit dem Punching Ball im Büro, auf den Sie bei Bedarf eindreschen dürften, gar nicht so blöd finden. Dass Sie abends oft Kopfweh haben, wundert Sie eigentlich nicht – irgendwo muss der ganze Ärger ja hin. Und Ihr dauernder Rückenschmerz? Dagegen hilft einfach nichts, auch nicht der ergonomische neue Bürosessel.

◆ Sie sind stolz darauf, dass Ihnen nie die Packung platzt, das finden Sie bei anderen ja schließlich auch idiotisch; so etwas darf einem einfach nicht passieren. Aber zugegeben: Manchmal träumen auch Sie von einer filmreifen Szene: dem Chef zu sagen, dass er ein inkompetenter

Kotzbrocken ist, und türenschlagend die Bude zu verlassen. Würden Sie natürlich nie tun. War nur so eine Idee.

... im häuslichen Stress (Partnerschaft/Familie)

♦ Nein, Sie können umdenken, das ist es nicht. Sie haben durchaus vor, beim Nachhausekommen ganz abzuschalten. Andere Welt, andere Stimmung, Schluss mit Stress. Aber dann passiert prompt etwas, das Ihre guten Absichten einfach sabotiert. Andere behaupten vielleicht, es sei eine Kleinigkeit. Aber nach dem, was Sie hinter sich haben, reicht es, um das Fass zum Überlaufen zu bringen. Sie stolpern über das Spielzeug am Boden, Sie fassen eine klebrige Türklinke an, und zur Begrüßung bekommen Sie einen Anpfiff, weil Sie vergessen haben, die Sachen aus der Reinigung abzuholen. Und da rasten Sie aus. Sie brechen einen Streit vom Zaun und hören nicht mehr auf, bis Sie nur noch völlig erschöpft ins Bett fallen können. Auch am nächsten Morgen haben Sie noch immer keine Lust, auf das zärtliche Versöhnungsangebot einzugehen, das Ihnen gemacht wird, und schieben die Hand aufstöhnend von sich.

♦ Es kann auch sein, dass Sie sich nach Ihrer gelungenen Präsentation in der Vorstandssitzung ganz toll fühlen, aber wenn dann bei der Party abends der Erste, mit dem Sie reden, zu Ihnen sagt: »Es ist doch schön, wenn eine Frau ein bisschen was dazu verdient«, dann werden Sie ganz unerwartet deutlich und aggressiv. »Was hat sie denn?« erkundigt der sich dann bei Ihrem Mann. »Sie ist doch sonst so charmant.«

♦ Vielleicht haben Sie auch Ihr Ziel erreicht: Sie haben die Familie, von der andere nur träumen. Der Mann erfolgreich und liebevoll, das Haus ein Eigenheim, die Kleinkinder gesund, hübsch und mehr als aufgeweckt. Dann kommt das Sonntagsfrühstück mitsamt freudig bewegten Schwiegereltern: Und der hoffnungsfrohe Nachwuchs verstreicht das Müsli auf der Tischdecke, gönnt dem Teppich ausreichend Honig, versorgt die neuen Stuhlpolster mit Kakao und schafft es mühelos, den Mozart im Radio durch ein philharmonisches Brüllkonzert zu übertönen. »Aber wie kannst Du nur!« sagt Ihre Schwiegermutter, als Sie schreiend die erste Ohrfeige austeilen. Da reicht es Ihnen. Mitten in diesem gemütlichen Frühstück rennen Sie aus dem Zimmer und schließen sich im Bad ein.

... im Freizeitstress

♦ Eigentlich hatten Sie sich auf das Wochenende genauso gefreut wie die anderen. Und es ist ja kein böser Wille, dass Ihnen jetzt auf einmal nicht mehr nach gemeinsamen Vergnügungen zumute ist. »Ihr könnt doch auch ohne mich Bocciaspielen«, erklären Sie den drei anderen. Und je mehr die versuchen, Sie zum Mitmachen zu überreden, desto mehr lassen Sie es sich anmerken, dass mit Ihnen nichts anzufangen ist: Sie hängen rum, finden das strahlend schöne Wetter zu drückend und die Idee, auf einer Wiese herumzusitzen, unbequem und mühsam. Sie bleiben konsequent in der dunklen Wohnung, während die anderen zum Picknick losziehen. Trübe Gedanken ziehen Sie immer weiter hinunter und Sie können sich nichts mehr vorstellen, was Ihnen in dieser Stimmung noch Spaß machen könnte.

♦ Oft hat es auch schlicht körperliche Gründe, dass Sie in der Freizeit nicht wie geplant mit von der Partie sein können. Ihre Rückenschmerzen, Ihr Kopfweh, Ihre Unterleibsschmerzen vor den Tagen sind oft schlagartig so heftig, dass Sie sich zurückziehen müssen.

Der Lebertyp aus der Sicht der TCM

Seine Wandlungsphase ist das Holz. Dem entsprechen im Analogiesystem der chinesischen Denkweise

➤ die Tageszeit Morgen, die Himmelsrichtung Osten, die Farbe Grün und die Jahreszeit Frühling, also das Anwachsen der Wärme, und die kreative Entfaltung.

➤ die Emotion der Durchsetzungsfähigkeit bis hin zur gesunden Aggression, die sich im Schreien ausdrückt.

Hoffnungsgrün: Im Frühling blühen Sie auf. Denn Ihre Energien wollen sich voll entfalten.

- der saure Geschmack; das Saure ist für den Lebertyp in kleinen Mengen anregend und wohltuend, in hoher Dosis aber schädlich.
- Seine Reaktionsweise bei Stress: Wenn die gesunde Selbstdurchsetzung gehemmt und die Aggression unterdrückt wird, staut sich Energie an und kann sich nicht entladen. Ein Gefühl ohnmächtiger Wut stellt sich ein oder auch anhaltende Depression als Wendung der Aggression gegen sich selbst.
- Die körperlichen Folgen: Wenn die erhöhte Muskelspannung sich lange Zeit nicht abreagieren kann durch Dreinschlagen oder Flucht, dann führt das zu Spannungskopfschmerzen, Rücken- und Nackenschmerzen und unter Umständen zu nächtlichem Zähneknirschen. Ist die Muskulatur in den Gefäßwänden von der Anspannung betroffen, führt das zu Bluthochdruck, Durchblutungsstörungen, die sich in kalten Händen und Füßen zeigen oder in Hörsturz und Ohrgeräuschen (Tinnitus). Auf lange Sicht können Arteriosklerose, Herzinfarkt oder Hirnschlag die Folge sein.

Der Lebertyp in der Irisdiagnostik

- Augenfarbe: meistens braun (hämatogener Typ) oder blau mit braunen Einlagerungen zur Mitte hin (Mischtyp).
- Typische Iriszeichen: Krampfringe und radiäre Furchen, die hinweisen auf die Neigung zur Muskelverspannung und zur Eskalation der Beschwerden (siehe Abbildung). Unter Umständen Pigmentflecke, die hinweisen auf chronische Fehlsteuerung oder eine bereits geschädigte Immunabwehr im lockeren Bindegewebe.

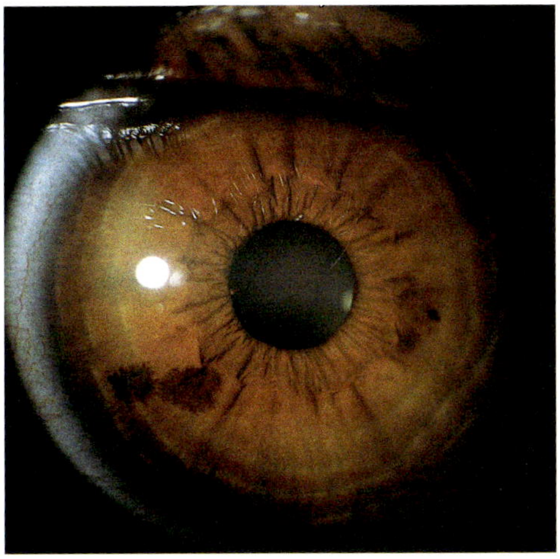

Lebertyp mit kreisförmigen, hellen Linien, den so genannten Krampfringen. 30-jährige Frau, die auf Stress mit Schulter-Nacken-Verspannungen, Kopfschmerz und Gereiztheit reagiert.

Was hilft dem Lebertyp gegen Stress?

Sie haben es wahrscheinlich geahnt, nachdem dauernd von Anspannung und Verkrampfung die Rede ist: »Immer ganz locker«, müsste Ihr Antistress-Mantra heißen. Theoretisch ist dieses Problem Ihnen natürlich bekannt, spätestens, nachdem Sie die letzten Seiten gelesen haben; praktisch aber setzen Sie sich mit Ihren Ver-

spannungen erst auseinander, wenn sie sich schmerzhaft äußern.

➤ Der Lebertyp muss daher trainieren, sich rechtzeitig psychisch und physisch bewusst zu entspannen.

Sich bewusst entspannen – das sagt sich natürlich leicht. Nur: Wie soll sich das im Job, erst recht im Büroalltag durchführen lassen? Noch sind die Yogamatten im Konferenzzimmer hierzulande unüblich. Deshalb empfehle ich Ihnen die spezielle Minutenentspannung, die ich aus der so genannten »progressiven Muskelentspannung« von Jacobson weiterentwickelt habe. Sie dauert im Gegensatz zur Jacobsen-Übung keine halbe Stunde, sondern nur fünf Minuten, und macht Ihnen bewusst, wo Sie überall verspannt sind, ohne es zu merken. Sie brauchen dazu nichts als einen bequemen Sitzplatz – der Bürosessel tut's auch – und das beruhigende Gefühl, dass Ihnen gerade keiner zuschaut.

Die Übung für den Lebertyp

➤ Suchen Sie sich einen ruhigen Platz, an dem Sie ein paar Minuten ungestört sind. Sie können im Sitzen wie im Liegen üben – auf einem Sessel, einer Couch oder einer Wolldecke am Boden.

1 Schließen Sie die Augen. Ballen Sie beide Hände zur Faust, und beugen Sie beide Arme im Ellenbogen, sodass die Fäuste Richtung Schulter zeigen und der Bizepsmuskel hart wird. Halten Sie die Spannung einige Sekunden lang – und lassen Sie dann wieder los. Achten Sie nur auf den Unterschied zwischen Anspannung und Entspannung. Die Entspannungsphase soll länger dauern als die Anspannungsphase.

Nur wenn Sie Anspannung kennen, genießen Sie Entspannung. Gerade, wenn Ihnen Ihr Rücken ein Kreuz ist. (4)

2 Strecken Sie die Arme gerade aus und spreizen Sie die Finger, so weit Sie können. Dann lassen Sie wieder los und machen sich bewusst, wie sich das anfühlt. Auch hier sollte die Lockerungsphase länger sein als die Anspannungsphase.

3 Strecken Sie die Beine mit durchgedrückten Knien aus, spannen Sie die Oberschenkelmuskulatur stark an und biegen Sie die Zehen nach unten, sodass der Rist sich wöbt, dann in die Gegenrichtung nach oben. Nun gehen Sie wieder in die Entspannung und genießen Sie den angenehmen Unterschied.

4 Spannen Sie die Rückenmuskulatur kurz an, indem Sie ein Hohlkreuz machen (Foto links). Halten Sie die Spannung ein paar Sekunden lang. Lassen Sie dann wieder los und kosten Sie das Gefühl der Entspannung in der Kreuzgegend aus.

5 Ziehen Sie beide Schultern gleichzeitig hoch, so weit es geht, und spüren Sie die Spannung im Nacken- und Schulterbereich. Lösen Sie die Muskeln und entspannen Sie den ganzen Schultergürtel.

6 Kneifen Sie Ihre Augen zu und pressen Sie die Lippen fest aufeinander (Foto rechts). Halten Sie die Verkrampfung nur drei Sekunden. Lassen Sie los und glätten Sie das ganze Gesicht, als habe jemand mit sanfter Hand darüber gestrichen.

7 Reißen Sie Augen und Mund auf, so weit es geht, und strecken Sie die Zunge heraus, sodass Sie aussehen wie Einstein auf dem berühmten Foto. Auch diese Anspannung sollten Sie nach drei Sekunden wieder lösen und Mundpartie und Kinn völlig lockern; wenn sich dabei der Mund ein wenig öffnet wie bei einem satten Säugling, machen Sie es goldrichtig.

8 Wenn Sie nun ganz gelöst da liegen, lassen Sie in Ihrem Gesicht ein Lächeln aufgehen und sich ausbreiten – ganz ohne jeden Grund, einfach so. Und spüren Sie, wie sich das auswirkt.

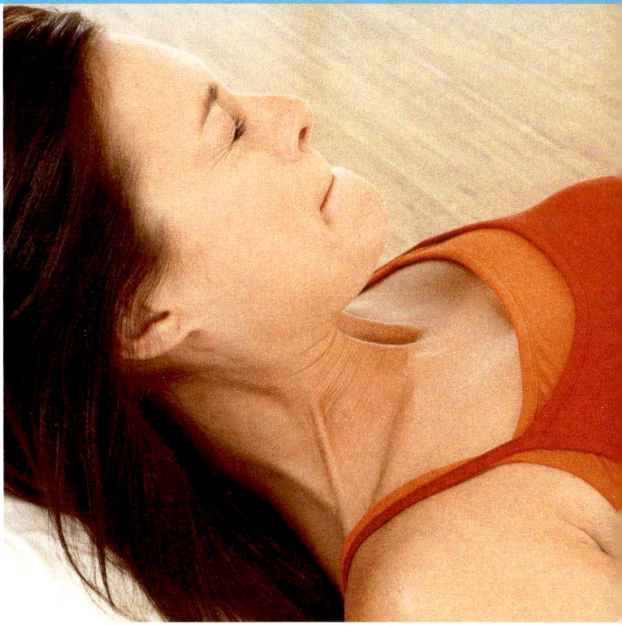

Zuerst verkniffen, dann verklärt: Loslassen beglückt. (6)

9 Wenn Sie anschließend wach und präsent sein wollen, beenden Sie die Übung immer in der gleichen Weise: Zählen Sie innerlich von fünf zurück bis eins. Bei eins öffnen Sie die Augen, atmen tief durch, strecken und räkeln sich wie nach dem Aufwachen und kehren erfrischt in den Alltag zurück.

10 Wenn Sie die Übung vor dem Einschlafen im Bett machen, verzichten Sie auf Schritt 9 und drehen sich einfach auf Ihre Einschlafseite.

Die Anleitung zu dieser Übung gibt es auch auf CD (siehe Seite 123).

Rohe Kost für zarte Seelen: Treiben Sie es bunt mit Salaten.

Die Ernährung für den Lebertyp

Keiner hat Lust, dauernd einen Zettel mit sich herumzutragen, auf dem die Dos und Don'ts stehen für seine tägliche Ernährung. In der Diätetik der TCM müssen Sie nur das Prinzip begreifen, nach dem Ihr Stresstyp funktioniert, und wissen dann von selbst, was Ihnen gut tut und was nicht.

Der Lebertyp im Stress ist einem Motor vergleichbar, der auf hohen Touren läuft, während das Kühlwasser verdampft. Klar, dass er sich überhitzen wird und daran Schaden nimmt.

Prinzip Kühlung

➤ Die Idee hinter dem, was die Ernährungslehre der TCM dem Lebertyp empfiehlt, heißt ganz einfach: innerlich abkühlen und alles vermeiden, was noch weiter erwärmt oder gar erhitzt.

♦ Vor Ihnen steht das, worauf Sie diesen ganzen anstrengenden Tag über Lust hatten: ein scharf angebratenes Steak mit einer teuflisch scharfen Sauce aus Paprika und Knoblauch – das weckt die Lebensgeister. Dazu zwei Gläser Chianti, danach einen doppelten Espresso, eine Grappa und eine schöne Havanna oder wenigstens eine Verdauungszigarette.
Dass Sie sich nach diesem Traumessen alles andere als entspannt fühlen, schlecht schlafen, weil Sie Blähungen haben und mehrmals nachts rausmüssen, wundert Sie. Aus Sicht der TCM ist das aber gar nicht verwunderlich, denn Sie haben instinktsicher das zusammengestellt, was Sie als Lebertyp innerlich weiter aufheizt, statt abkühlt.

♦ Sie sind schon eineinhalb Wochen auf Urlaub in der nördlichen Toskana und haben sich durch alle Spezialitätenlokale in der Gegend geschlemmt. Trotzdem sind Sie schon zwei Kilo leichter und rundum erholt. Es schmeckt ja auch alles

ungewohnt köstlich: der Pinzimonio, diese klassische Vorspeise aus knackigem Bleichsellerie und anderen rohen Gemüsen, die in einen Olivenöl-Dip getaucht werden, der frische Weißwein von den Colli Lucchesi zum Gran Farro, einer Suppe aus Dinkel und Gemüsen nach jahrhundertealtem Rezept, die Spinattorten, der Risotto mit frischen grünen Erbsen, das Perlhuhn, geschmort mit Rosmarin, die Mürbeteigkuchen mit Brombeeren zum Dessert. Und überall schön gemischte Salate mit dem zurecht berühmten, fruchtigen Olivenöl aus der Gegend hier. Alles ist so reich an harmonischen Aromen und sinnlichen Reizen.

Hätte Ihnen vorher jemand gesagt, dass so die ideale Ernährung für Sie als Lebertyp schmeckt, hätten Sie mit der von Ihrem Arzt so dringend empfohlenen Umstellung schon vor Jahren angefangen. Und »Diät« aus Ihrem Wortschatz gestrichen.

Stress-Info

Nachrichten aus dem Psycholabor (4)

Eine Studie in Salt Lake City/USA verblüffte die Stress- und Herzspezialisten. Sie hatten erwartet, dort auf eine extrem hohe Herzinfarktquote zu stoßen. Denn in dieser Stadt leben viele Menschen, die dem so genannten Typ A zugerechnet werden, also dem herzinfarktgefährdeten Typ. Und sie leben dort unter Bedingungen, die für sie besonders schädlich sind.

Unter Typ A verstehen die Experten einen ungeduldigen Menschen, der schnell geht, isst, schnell redet, am liebsten mehrere Dinge zugleich tut und stolz darauf ist, immer pünktlich zu sein. Dem Risiko, koronare Herzerkrankungen zu bekommen, kann er entgegenwirken, indem er sich befreit von Feindseligkeit und Konkurrenzdenken und indem er dort wohnt, wo die Umgebung nicht für weitere Hektik und Unruhe sorgt. Dummerweise zieht es A-Typen jedoch immer in Typ-A-Städte: in laute, schnelle, große Städte. Zu denen gehört Salt Lake City – das reine Gift für A-Typen. Und dennoch scheint sie ihnen gut zu tun, wie die Forscher erfreut feststellten, denn Salt Lake City, die Stadt mit dem viertschnellsten Lebenstempo in den USA, liegt auf Platz 31 in der Rate der koronaren Herzerkrankungen. Warum?

Des Rätsels Lösung liegt in der Religion der Einwohner: Sie sind zum Großteil Mormonen, denen das Zigarettenrauchen und der Alkoholgenuss untersagt ist.

Das heißt: Indem zwei starke zusätzliche Risikofaktoren ausgeschaltet werden, wird die schädliche Wirkung der anderen Stressoren ausgeglichen.

Tipp für den Lebertyp

Schlechte Kost und gute Kost

➤ **Erwärmend bzw. erhitzend, also schlecht für Sie ist**

- alles höllisch Scharfe (Rosenpaprika, Chili, Pfeffer, Ingwer und andere Gewürze dieser Art)
- alles mit scharfer Hitze Gebratene oder Gegrillte
- das, was die Indianer zu recht Feuerwasser nennen
- Rotwein mit seinen warmen, weichen Aromen oder Glühwein
- alles, was zumindest roh auf der Zunge brennt (wie Knoblauch und Zwiebeln)
- das, was gerade durch Röstaromen so gut schmeckt (Kaffee)

➤ **Abkühlend, das heißt gut für Sie sind dagegen**

- Südfrüchte mit delikater Säure (Ananas, Kiwi, Orangen)
- heimisches, leicht säuerliches Obst (Äpfel, Sauerkirschen, Beeren, Rhabarber)
- ungekochtes Gemüse (Radieschen, Rettich, Bleichsellerie, Tomaten)
- säuerliche Milchprodukte (Joghurt, Kefir, Quark)
- erfrischende Getränke (Weißwein, Weißbier, Champagner, frisch gepresster Orangensaft)
- Salate, grüne Gemüse und Sauerkraut
- Weizen (Pasta), Reis, Dinkel
- Geflügel
- Süßwasserfisch und Süßwasserkrebse

Salate wie der »Gran Italia« wirken abkühlend und sind deshalb ideal für den Lebertyp.

Gran Italia

Der Salat für den Lebertyp

Folgende Salatsorten, in ungefähr gleicher Menge, gewaschen:
Rucola,
Chinakohl (gehobelt) oder Novità oder Kopfsalat,
Lollo rosso oder Eichblattsalat

Egerlinge oder Champignons, fein blättrig geschnitten

Tomaten, in Stücken, oder halbierte Kirschtomaten

frischer Schnittlauch, klein geschnitten

sehr gutes Olivenöl extra vergine

frischer Parmesan am Stück

Salz und Pfeffer

➤ Die Salatsorten vermischen, die Tomatenstücke und Pilzscheiben darauf verteilen, nach Lust auch Schnittlauch. Den frischen Parmesan darüber hobeln oder reiben, großzügig mit Olivenöl begießen und nach Wunsch salzen und pfeffern. Verzichten Sie möglichst auf Essig, verwenden Sie allenfalls sehr guten milden alten Aceto balsamico in kleiner Menge.

➤ Wer es deftiger liebt, kann diesen Salat auch mit Kürbiskernöl zubereiten.

➤ Dazu gibt es Vollkorn-, Dinkelbrot oder Körnerbaguette.

Gran Farro – lucchesische Dinkelsuppe

Der Topf voll Entspannung

300 g Dinkelkörner (vom Bauern, aus dem Reformhaus oder dem Biomarkt)

2 mittelgroße Zwiebeln, geschält und fein gehackt

2 Knoblauchzehen, geschält und fein gehackt

2 große Karotten, mit dem Sparschäler geschält und gewürfelt

2 Stangen Bleichsellerie, abgezogen und gewürfelt

4 EL Olivenöl extra vergine

$1\frac{1}{2}$ l Wasser

$\frac{1}{2}$ l trockener Weißwein

Salz

3 Zweige Rosmarin

3 Lorbeerblätter

600 g reife Tomaten, überbrüht, enthäutet, entkernt und gewürfelt

4 Scheiben toskanisches Bauernbrot

noch etwas Olivenöl extra vergine

Pfeffer aus der Mühle

➤ Den Dinkel am Abend zuvor in ausreichend Wasser einweichen, am nächsten Tag abgießen und gut abspülen.

Gran Farro heißt eine Suppe aus Gemüse und Dinkel (ital. Farro) in der Region Lucca.

In einem großen Topf das Olivenöl erhitzen, die Zwiebeln darin goldgelb werden lassen, ebenso danach den Knoblauch. Karotten und Sellerie zugeben, ein paar Minuten mitschmoren.

Dann den Dinkel, das Wasser, die Lorbeerblätter und die Tomaten hineingeben, salzen und auf kleiner Flamme ca. eine halbe Stunde köcheln lassen.

Die Rosmarinzweige einlegen und noch 15 Minuten weiterköcheln, bis der Dinkel weich ist, aber nicht verkocht. Pfeffern, wenn nötig nachsalzen.

➤ Das Brot rösten, mit Olivenöl bestreichen und zur Suppe servieren.

Die Selbstbehandlung des Lebertyps durch Akupressur

Im Folgenden die für Sie wichtigen Punkte und die Wirkung einer Akupressur dort. Sie können die Akupressur jeweils nacheinander auf der rechten und der linken Seite durchführen.

1 Der dritte Punkt auf der Leberleitbahn liegt am Fußrücken, in der Vertiefung zwischen dem ersten und zweiten Mittelfußknochen. Wenn Sie diesen Punkt unter sanftem Druck ca. 30 Sekunden lang reiben, entkrampft das beim Lebertyp die angespannte Muskulatur. Dadurch bessern sich Rückenschmerzen, und Sie

1

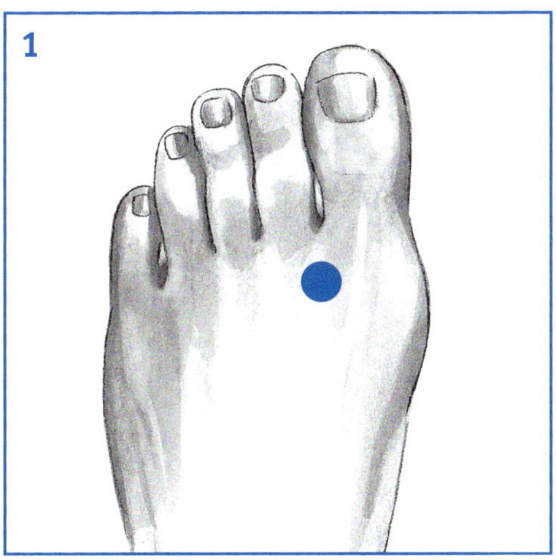

unterstützen die Behandlung von Migräne, Bluthochdruck oder Tinnitus.

2 Der erste Punkt auf der Nierenleitbahn liegt unten auf der Fußsohle, in der

2

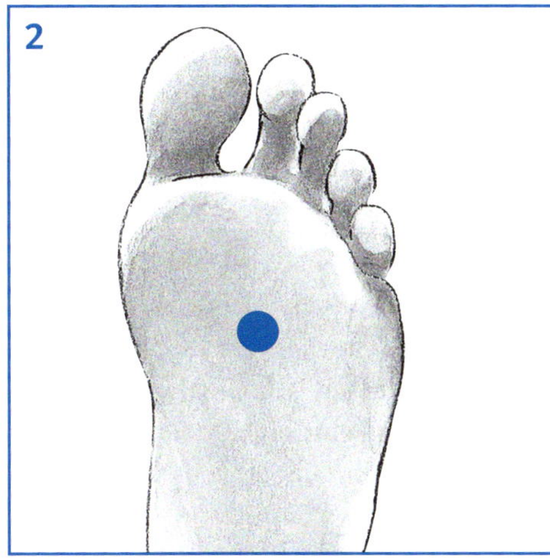

Vertiefung nach dem Großzehenballen in der Fußmitte. Wird er kreisförmig massiert, kühlt das den überhitzten Lebertyp; er fühlt sich gelassener und schläft besser.

3 Der sechste Punkt auf der so genannten Milz-Pankreas-Leitbahn liegt circa

3

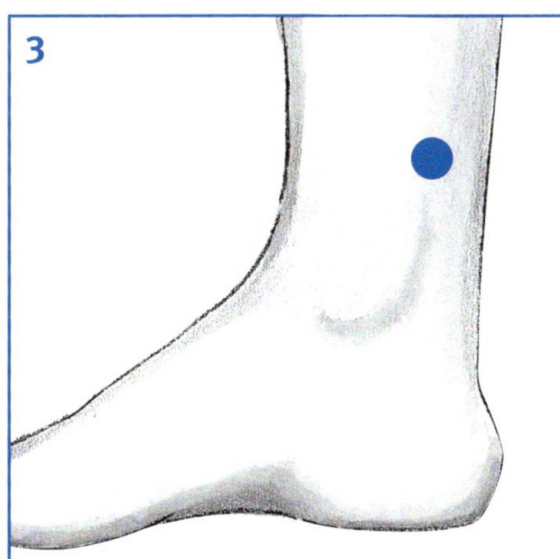

eine Handbreit über dem inneren Fußknöchel, direkt an der Hinterkante des Schienbeins. Wenn er mit dem Daumen mit leichtem Druck gerieben wird, hilft das gegen prämenstruelle Beschwerden; Gereiztheit, auch die Weinerlichkeit, und Unterleibskrämpfe nehmen spürbar ab.

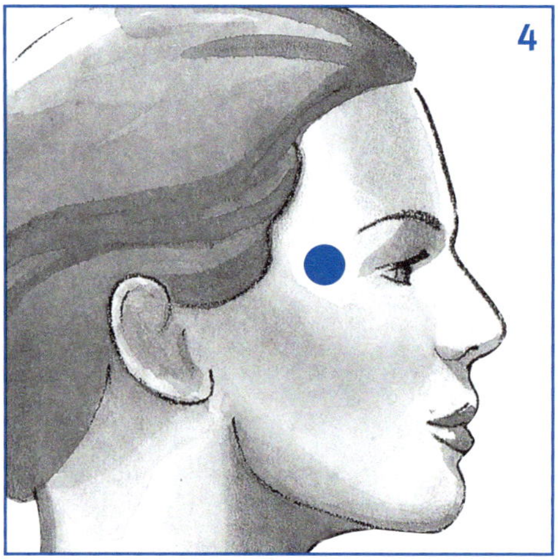

4 Der Extrapunkt Nr. 2 liegt genau dort, wo Sie sich an die Schläfe tippen, wenn Sie jemandem den Vogel zeigen. Wird er beidseitig kreisförmig mit den Zeigefingern gerieben, hilft das dem Lebertyp gegen Kopfschmerz in der Stirn- und Augenregion. Auch ein Tropfen Pfefferminz- oder Heilkräuteröl, auf diese Stelle aufgetragen, lindert Kopfschmerzen und zwar, wie kontrollierte Studien belegen, so wirksam wie Aspirin.

Tipps & Tricks für den Lebertyp

➤ Gönnen Sie sich, wenn es der Beruf irgendwie erlaubt, Auszeiten ohne jedes schlechte Gewissen. Wenn eine Konferenz Sie völlig entnervt und nichts mehr bringt, entschuldigen Sie sich mit irgendetwas und machen Sie stattdessen einen Gang um den Block.

➤ Entdecken Sie, dass sich vieles anders als gewohnt erledigen lässt. Lesen Sie den Börsenbericht auf einer Parkbank, verlegen Sie die Diskussion mit Kollegen ins Freie, hören Sie bei der abendlichen Zusatzschicht Mozart, machen Sie die Notizen für das wichtige Gespräch in einem Kaffeehaus.

➤ Versuchen Sie nicht mehr, aus Anstand durchzuhalten, was Sie nervt. Weder den Film, der plötzlich langweilig, grausam oder widerlich wird, noch den Vortrag, der Sie nach einer Viertelstunde schon anödet, auch nicht die anbiedernde Festrede, die nur peinlich ist. Stehen Sie auf, gehen Sie raus, trinken Sie lieber irgendwo ein Glas und freuen Sie sich daran, dass Sie die Courage hatten, aufzufallen.

➤ Wenn Sie bisher jedes Jahr Ihren Geburtstag gefeiert haben, obwohl Sie gar keine Lust dazu hatten, lassen Sie es bleiben. Ohne Angabe von Gründen. Gönnen Sie sich stattdessen eine erholsame Kurzreise – dann ist niemand beleidigt.

➤ Brechen Sie aus Ihrer alltäglichen Routine aus, einfach so, in Kleinigkeiten. Wenn Sie sich immer zuerst rasieren und dann die Zähne putzen, machen Sie es einmal andersherum. Wenn Sie immer zuerst den Kaffee eingießen und dann die Milch zugeben, drehen Sie die Reihenfolge um. Wenn Sie als Rechtshänder jede Tür mit der rechten Hand öffnen, machen Sie das mal bewusst mit der linken. Auch wenn Sie den optimalen Weg zum Job gefunden haben, probieren Sie einen neuen aus – vielleicht etwas länger, aber unter Umständen schöner, anders jedenfalls.

➤ Bestellen Sie das Abonnement der Tageszeitung ab, die Sie seit zehn Jahren lesen, und testen Sie eine neue.

➤ Sie können den Großteil Ihrer Verwandtschaft nicht riechen, werden aber dort zu jeder Hochzeit eingeladen und zu jeder Taufe? Jetzt sind Sie wieder einmal dran: Wagen Sie es und feiern Sie völlig verwandtschaftsbereinigt.

➤ Gönnen Sie sich den Luxus, nicht erreichbar zu sein – ein Wochenende oder einen Urlaub lang. Kein Mobiltelefon, keine Angaben, wo Sie übernachten.

➤ Entdecken Sie die Langsamkeit. Machen Sie München–Florenz nicht in Rekordzeit, sondern in Genusszeit, also in zwei Etappen. Und entdecken Sie die Schönheiten an Abwegen, Umwegen und Seitenwegen.

Unter blauem Himmel werden rote Zahlen rosa: Das Börsenkursstudium im Freien mildert den Blick und weitet ihn zugleich.

Zu zweit ohne Stress

Die Partnerschaftsstrategie für den Lebertyp

Es wurden Bestseller drüber geschrieben, aber es hat sich wenig dran geändert: dass Frauen mit ihren Männern reden wollen, aber die Männer meistens nicht mit ihren Frauen. Männer verweigern den Dialog aber nicht aus Bösartigkeit, sondern meistens aus zwei Gründen. Erstens, weil sie wissen, dass das weibliche Geschlecht verbal und argumentativ im Allgemeinen besser aufgerüstet ist. Zweitens, weil es ihnen weniger darum geht, ein Problem zu ergründen, als es loszuwerden. Männern ist es üblicherweise wichtiger, mit einer Frau einen netten Abend zu verbringen, als mit ihr gemeinsam um Selbsterkenntnis zu ringen. Geht es darum, dass er zu wenig für den Haushalt tut, ihr nicht genug Aufmerksamkeit schenkt, sich zu wenig Zeit für die Kinder nimmt oder sich zu selten duscht, dann ist das kein Grund,

Tipp für den Lebertyp

Sex ohne Stress

Zielgerichtet oder wenigstens zielorientiert hat heute jeder zu sein, der etwas erreichen will. Das Auge starr aufs Honorar, die Position, den Traumpartner, das Ferienziel, die Idealfigur gerichtet, rasen wir dahin und kommen, wenn überhaupt, völlig gerädert an. Meistens beschert uns die Überforderung schon unterwegs einen Verkehrs- oder Betriebsunfall, vom Fehlgriff in der Partnerschaft (Geld oder blond reichte doch nicht) bis zum Hörsturz oder Herzinfarkt. In einer Leistungsgesellschaft zählt das Ankommen. Und auch beim Sex ist dann das Wichtigste, auf besagtem Gipfel anzukommen, sonst hätten wir versagt und wären frustriert.

Aber der menschliche Organismus ist Gott sei Dank keine Maschine, daher funktioniert es eben nicht immer. Mit dem Ergebnis, dass beide das Gefühl haben, versagt zu haben und frustriert sind. Warum eigentlich? In der tantrischen Liebeslehre gilt: Der Weg ist das Ziel. Das Unterwegssein ist der Genuss, der Spaß und der Sinn beim Sex. Geben Sie den Ehrgeiz auf, Sie müssten unbedingt zum Orgasmus kommen. In der chinesischen Liebeskunst gilt es sogar für beide Geschlechter als gesundheitsstärkend und lebensverlängernd, sich nur bis kurz davor zu lieben. »Aus der Jadequelle trinken«, nennt sich das symbolisch. Wenn also, so heiß und schön es war, einer von Ihnen oder alle beide nicht ganz nach oben klettern, reicht ein verschwörerisches »Trinken wir aus der Quelle?« – und verschwunden ist der Stress. Genau das macht Lust auf die Liebe, diese Insel jenseits des Leistungsdenkens.

seinen ganzen Charakter in Frage zu stellen und sicherheitshalber noch seine Mutterbeziehung. Es geht um das Spezielle, nicht um das Generelle. Betreiben Sie die partnerschaftliche Auseinandersetzung einfach nur als eine Korrektur von Verhaltensweisen. Und erwarten Sie nicht, dass einer am Ende dem anderen in allem Recht gibt. Denken Sie daran, dass das Wesentliche Ihre tiefen Gemeinsamkeiten sind. Bekäme einer von Ihnen morgen die Diagnose Krebs gestellt, dann wäre es beiden schlagartig klar.

Streit in Maßen belebt

Streit funktioniert wie Alkohol: Wenn er von bester Qualität ist und bewusst und in Maßen genossen wird, belebt er. Ein Glas Schampus oder ein kurzer, überschäumender Streit, das inspiriert durchaus. Wie der Alkohol fördert Streit in kleinen Mengen nachweislich die Kreativität … und die sexuelle Lust. Schon in den 1970er Jahren haben die Untersuchungen des Verhaltensforschers Harry F. Harlow an der Universität von Wisconsin bewiesen, dass absolute Friedlichkeit sich auf den sexuellen Appetit schlägt.

Streit (in Maßen) macht scharf, hieß das Ergebnis seiner Langzeitstudie mit Affen: Sie entwickelten Paarungsgelüste nur, wenn sie gelegentlich ihre Aggressionen haben durften. Affen, die in einer völlig aggressionsfreien Umgebung groß wurden, waren sexuell völlig desinteressiert. Und auch guter Streit stimuliert, erotisiert sogar. Doch die Gefahr ist groß, beim Streiten wie beim Trinken nicht mehr aufhören zu können, den Streit auf immer weitere Themen auszuweiten. Das einzige Mittel dagegen: rechtzeitig aussteigen.

Berührung überwindet jede Kluft: Fassen Sie sich an, statt sich anzugreifen.

Dazu gibt es verschiedene Möglichkeiten. Zum Beispiel die, sich zu berühren, dem anderen mitten in der Diskussion liebevoll die Hand auf den Arm zu legen. Oder mit Blicken zu sprechen – dem anderen wie beim Flirten mit den Augen zu sagen: »Aber ich liebe Dich doch.« Oder während des Streits gedanklich ein paar Schritte zurückzutreten, die Szene wie in einem Film zu betrachten – und auf einmal manches als komisch, lächerlich oder albern zu erkennen. Und nichts beendet einen Streit souveräner als ein Lächeln oder ein Lachen.

Sie sind himmlisch guter Laune.
Aber oft gleich danach höllisch depressiv.
Denn Ihre Gefühle reißen Sie mit.

DER HERZTYP: DER ÜBER-SCHWÄNGLICHE

Motto: »Himmelhoch jauch-zend, zu Tode betrübt.«

... im Berufsstress

◆ Es könnte eigentlich alles so einfach sein. Denn Sie wirken in Ihrem Job locker, und es ist Ihnen das Wichtigste, dass er Spaß macht. Wenn irgendwo gelacht wird, dann bei Ihnen. Sie gelten als Betriebsklimaanlage gegen Trockenheit, denn Sie sprühen so gut wie immer.
Da feiern Sie in der Firma mit Prosecco, dass Sie zum ersten Mal den Hauptkonkurrenten in der Branche abgehängt haben. Und nach dem dritten Glas fangen Sie an, eine Szene vorzuspielen. Je mehr die anderen lachen, desto mehr drehen Sie auf, reden immer noch schneller. Obwohl Sie spüren, dass Sie ganz im Mittelpunkt stehen, fühlen Sie sich auf einmal flatterig und merken, dass diese heitere Nummer Sie anstrengt. Und dass Sie die Angst beschleicht, Sie könnten gleich zu heulen anfangen. Das allerdings würde keiner vermuten, ausgerechnet bei Ihnen. Sie stehen doch für die Leichtigkeit das Alltags.

◆ »Für Sie kein Problem«, sagt Ihr Chef. »Das schaffen Sie mit links.« Ein Kollege ist ausgefallen und Sie müssen vor dem Urlaub im Grunde nur noch den Fein-

schliff machen, er hat alles so gut wie fertiggestellt. Aber Sie fangen an zu zittern, verlassen das Büro vorzeitig, weil Sie ein gemeines Herzklopfen haben und das Gefühl, keine Luft mehr zu bekommen. Sich einfach krankmelden, das wär's, sagen Sie sich, als Sie am nächsten Morgen mit feuchter Stirn und einem unguten Druck auf der Brust Ihr Büro betreten. Denken wird man das ja wohl dürfen. Und als Sie das Büro am Abend verlassen, sagen Sie sich: Hätte ich es doch gemacht. Denn was in diesen acht quälenden Stunden heute herausgekommen ist, war erbärmlich: Sie konnten sich beim besten Willen auf nichts konzentrieren. Ihr »Tschüss dann« klingt allerdings so vergnügt wie immer.

... im häuslichen Stress (Partnerschaft/Familie)

◆ Sie haben sich seit Wochen darauf gefreut, wie sehr die anderen sich freuen werden an diesem perfekten Fest. Keiner im Freundeskreis hängt sich mehr rein als Sie in die Vorbereitung einer Party. Und zugegeben: Es macht Ihnen auch Spaß. Aber am Tag vor dem runden Geburtstag fühlen Sie sich schon beim Aufstehen matt, ausgelaugt und – es klingt befremdlich – richtiggehend traurig. Wozu das alles? Mal ehrlich: Wer dankt Ihnen das schon? Abends ist Ihnen derart schwindlig, dass Sie überlegen, wie viele Anrufe Sie tätigen müssten, um das Ganze abzublasen. Im Hinterkopf ist Ihnen natürlich klar, dass Sie es durchziehen.

◆ Andere kennen so etwas nur aus dem Film: ein Wochenende, an dem zwei so scharf aufeinander sind, dass sie das Schlafzimmer höchstens verlassen, um sich Stärkung aus dem Kühlschrank zu holen. Sie kennen das aus Erfahrung und genießen diesen Rauschzustand exzessiv. Wunderbar, gar nicht richtig zur Besinnung zu kommen. Unverständlich, warum Sie trotz der glücklichen Erschöpfung nachts ewig nicht einschlafen können und sich neben dem Objekt Ihrer Begierde hin- und herwälzen, am Montagmorgen schweißgebadet aufwachen und sich keineswegs strahlend, sondern jämmerlich fühlen.

... im Freizeitstress

◆ Kann gar nicht sein, dass Sie sich zwei Tage vor dem Abflug fühlen wie ein Teenie mit Flugangst vor dem ersten New-York-Trip. Sie als viel reisender Mensch, der zudem nichts mehr liebt, als Neues kennen zu lernen, müssten doch gefeit sein gegen solche Symptome. Müssten, aber es hilft nichts, sich das vorzusagen. Sie fühlen sich zittrig und derart wackelig auf den Beinen, dass Sie befürchten, spätestens beim Einchecken umzukippen. Sie rufen bei einer Freundin an. »Aber ich kann doch nicht alle enttäuschen, die auf mich warten«, sagen Sie. »Was soll ich tun?« Die Freundin kennt das Problem. »Alles Abblasen« sagt sie. »Du nimmst doch immer umbuchbare Tickets, oder?« Beim nächsten Anruf hören Sie sich völlig anders an. »Ich bin so froh, dass ich dableibe«, sagen Sie erleichtert. »Mir geht es schon viel besser.«

♦ Sie sind ja durchaus bereit, etwas zu unternehmen gegen Ihre dauernde Müdigkeit und die lästigen Schwindelanfälle. »Das beste wäre, wenn du zwei-, dreimal die Woche mit mir in den Fitnessclub gehst«, sagt Ihr Freund. »Dort geht es lustig und locker zu, ganz dein Ding. Ich zeige dir, wie es geht.«
Aber schon beim zweiten Gerät, das Sie noch unter seinen Augen ausprobieren, befällt Sie Panik. Achtmal, neunmal … noch elfmal sollen Sie dieses Gewicht stemmen? Ihr Herz schlägt doch jetzt schon bis zum Hals. »Ich kann nicht mehr, mir wird schlecht«, japsen Sie. »Irgendwas ist heute mit mir los.« Sie zahlen den Mitgliedsbeitrag erst mal weiter, willig sind Sie ja. Aber das heißt ja noch lange nicht, dass Sie sich das auch antun müssen.

Feurig und glühend vor Begeisterung: Was Sie entflammt, dafür brennen Sie. Und dabei verstrahlen Sie Ihre gesamte Energie.

Der Herztyp aus der Sicht der TCM

Seine Wandlungsphase ist das Feuer. Dem entsprechen im Analogiesystem der chinesischen Denkweise:

➤ die Tageszeit Mittag, die Himmelsrichtung Süden, die Farbe Rot, die Jahreszeit Sommer, die völlige Entfaltung der Wärme und der freien Energie.

➤ die Emotion der Lust, das Bedürfnis, Gefühle auszudrücken und zu kommunizieren, die typische Gefühlsäußerung ist das Lachen.

➤ der bittere Geschmack. In kleinen Mengen ist Bitteres für das Wohlbefinden des Herztyps förderlich, in größerer Menge schadet es ihm.

➤ Seine Reaktionsweise bei Stress: Dort, wo der Lebertyp mit Anspannung reagiert, also sthenisch, reagiert der Herztyp mit Schwäche, also asthenisch. Wenn er plötzlich starke Gefühlsbewegungen erlebt wie Angst, Schrecken oder übermäßige Freude, belastet eben das den Funktionsbereich Herz besonders. Die körperlichen Folgen: Herzklopfen, Atemnot, Kurzatmigkeit, Schwindel, Schweißausbrüche, Druck im Brustkorb und Schlafstörungen. Der Herztyp fühlt sich erschöpft, unruhig, unkonzentriert, vergesslich und spürt, dass er in sehr labiler Stimmung ist. Der Versuch, sich durch Sex zu beruhigen, scheint dem Herztyp nahe liegend, ist aber genau das Falsche, weil er sich damit energetisch noch weiter schwächt.

Der Herztyp in der Irisdiagnostik

➤ Die Augenfarbe: meistens blau (lymphatischer Typ).

➤ Die typischen Iriszeichen: lebhaftes Pupillenspiel, das heißt, die Pupille weitet und verengt sich bei gleich bleibenden Lichtverhältnissen – also ohne äußeren Grund –, weil Ihr vegetatives Nervensystem nicht im Gleichgewicht ist; Neuronetze, die Reizbarkeit und schnelle Erschöpfung anzeigen; Lakunen und Krypten im Herzsektor, die auf eine organische Schwäche dort hinweisen oder auf starke vegetative Herzreaktionen.

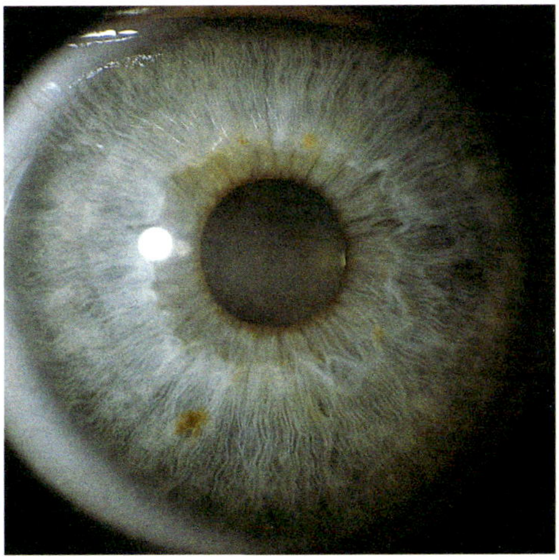

Der Herztyp: linke Iris einer 47-jährigen Frau mit zwei dunklen Feldern (Lakunen) im Herzsektor bei 3 Uhr. Die Patientin klagt über Herzklopfen, Schwindel und Blutdruckschwankungen. Die Hormone sind normal.

Was hilft dem Herztyp gegen Stress?

Exzessiver Sex leider nicht – das haben Sie bereits mitbekommen. Es klingt, wie zu erwarten, maßlos gesund, was dem Herztyp gut tut: alles, was stärkt und kräftigt, keinen Druck macht und auch keine Angst vor Überforderung. Wenn es dabei nicht um Pokale geht, ist Tanzen empfehlenswert; wenn dabei nicht der Ärmelkanal überquert werden muss, das Schwimmen. Fährt der Herztyp Fahrrad, dann sollte er nicht für die Tour de France trainieren, und wenn er in die Berge geht, nicht auf die Höhe des zu erklimmenden Gipfels starren, sondern auf die sich vor ihm ausbreitende Naturschönheit.

Auch wenn Sie als ein Dynamiker das Wort so wenig mögen wie Hauspantoffeln: Gehen Sie alles gemütlich an. Kämpfen Sie nicht immer gegen die Müdigkeit nach dem Mittagessen an, sondern gönnen Sie sich, wenn es irgendwie geht, einen kurzen Mittagsschlaf.

Und entdecken Sie für sich den neuen Trendsport der Intelligenzler, zu dem Sie weder die große Ausrüstung noch ein systematisches Training brauchen, sondern nur Genussfreude und zwei gesunde Beine: das Wandern. Dass gerade unter Hochschulabsolventen Wandern zu den Lieblingssportarten gehört – ihr Anteil unter den Wanderern ist doppelt so hoch wie in der Gesamtbevölkerung –, ist kein Wunder. Denn beim Tennisspiel, beim Squash oder beim Drachenfliegen sind Gespräche schwierig, beim Wandern aber sind sie ganz natürlich. Das ist sicher mit ein Grund dafür, dass Wandern für den Ehefrieden förderlicher ist als jede andere Sportart.

Die Übung für den Herztyp

Sie kennen sich aus in vielen Bereichen, aber von einem haben Sie wenig Ahnung: von Ihrem Körper. Obwohl Sie sich einbilden, ihn zu kennen. Sie hören gern auf Ihren Körper, aber Sie hören oft das Falsche oder deuten es falsch.

Tests haben ergeben: Herztypen wie Sie vertun sich gewaltig, wenn sie zum Beispiel die Aktivitäten ihres Herzens einschätzen sollen. Sie spüren heftiges Herzklopfen und sind sich sicher, das sei ein gefährliches Herzrasen, aber wenn der Puls dann gemessen wird, ergibt sich: halb so wild. Keinesfalls besorgniserregend.

Eine solche körperliche Fehleinschätzung ist zwar kein Drama, aber ein kosten- und zeitaufwendiger Irrtum, denn er kostet viele unnötige Arztbesuche, Untersuchungen und sogar Klinikeinweisungen. Und jedes Mal, wenn der Herztyp dann wieder zu hören kriegt, es fehle ihm nichts, hat er das Gefühl, man wolle ihn zum Simulanten abstempeln. Bereits das ist ein Erlebnis, das den Stress zuverlässig steigert.

Es macht also durchaus Sinn, die körperliche Selbstwahrnehmung zu verbessern. Das lässt sich mit einer einfachen Übung bewerkstelligen – mit dem so genannten Body-Scan. Ich sage lieber »Spaziergang

Wer bewandert sein will in seinen Körperreaktionen, sollte in sich spazieren gehen. Und jede Stelle kennen lernen – wie auf dem Lieblingsweg durch die Natur.

im Körper« dazu, weil das zwar weniger wissenschaftlich, aber sehr viel genüsslicher klingt.

Ein Spaziergang im Körper

➤ Sie sollten bequeme, lockere Kleidung anhaben und für einige Minuten ungestört sein. Ziehen Sie die Schuhe aus, und falls Sie einen engen Gürtel tragen, öffnen Sie ihn. Legen Sie sich auf eine Wolldecke oder eine Gymnastikmatte am Boden.

1 Die Arme liegen seitlich neben dem Körper, die Hände mit den Handflächen nach oben. Die Beine liegen entspannt, lassen Sie die Zehen leicht nach außen fallen. Schließen Sie die Augen.

2 Atmen Sie ruhig und gleichmäßig durch die Nase und spüren Sie, wie sich bei jedem Einatmen die Bauchdecke hebt und beim Ausatmen wieder senkt, ruhig und gleichmäßig.

3 Lenken Sie Ihre Aufmerksamkeit auf den Punkt, wo Ihr Hinterkopf am Boden aufliegt. Spüren Sie genau die Stelle an Ihrem Kopf, die die Unterlage berührt.

4 Dann gehen Sie mit Ihrer inneren Wahrnehmung weiter nach unten, zum Rücken, in die Gegend der Schulterblätter, und spüren Sie die Stelle, wo der Rücken aufliegt.

5 Gehen Sie noch weiter nach unten, in die Kreuzgegend, und nehmen Sie bewusst wahr, wo Ihr Po den Boden berührt.

6 Nun lenken Sie Ihre Aufmerksamkeit auf die Arme. Spüren Sie, wo die Ellenbogen und die Unterarme Bodenkontakt haben und die Hände mit dem Handrücken den Boden berühren.

7 Dann gehen Sie mit Ihrer inneren Wahrnehmung hinunter zu den Füßen. Fühlen Sie, wo genau Ihre Fersen am Boden aufliegen.

8 Ziehen Sie nun die Beine an und stellen Sie sie angewinkelt auf, sodass die Fußsohlen flach aufliegen. So bekommt auch das Kreuzbein Bodenkontakt. Legen Sie eine Hand auf die Nabelgegend und spüren Sie, wie sich die Bauchdecke beim Einatmen hebt und beim Ausatmen wieder senkt, ruhig und gleichmäßig. Spüren Sie, wie der Atem hereinströmt und im Bauch unter Ihrer Hand eine angenehme Wärme erzeugt.

9 Dann gehen Sie mit Ihrer Aufmerksamkeit wieder hinauf zum Kopf und fühlen noch einmal bewusst die Stelle, an der Ihr Hinterkopf am Boden aufliegt.

10 Jetzt denken Sie an Ihre Nase. An Ihre Nasenspitze. Vielleicht spüren Sie ein Kitzeln dort. Gehen Sie dann in Gedanken den Nasenrücken hoch bis zu dem Punkt in der Mitte zwischen den Augenbrauen. Spüren Sie diesen Punkt und wandern Sie dann weiter hoch über die Stirn bis hinauf zum höchsten Punkt der Schädeldecke, dort wo die Wale eine Öffnung haben, durch die sie atmen.

11 Atmen Sie weiter ruhig und gleichmäßig mit dem Bauch. Und spüren Sie, wie sich mit jedem Ausatmen Ihr Entspannungszustand weiter vertieft. Lassen Sie in Ihrem Gesicht ein Lächeln aufgehen, spüren Sie, wie es sich ausdehnt und wie es sich auf Ihr Befinden auswirkt.

12 Sie beenden die Übung, indem Sie innerlich von fünf zurückzählen bis eins. Bei eins öffnen Sie die Augen, atmen tief durch, strecken und räkeln sich, wie nach dem Aufwachen. Dann sind Sie wieder frisch und munter.

Die Anleitung zu dieser Übung gibt es auch auf CD (siehe Seite 123).

Die Ernährung für den Herztyp

Hört erst mal jeder Herztyp gern: dass er viel Wärme braucht. Gemeint sind Nahrungsmittel, die aus chinesischer Sicht den Organismus erwärmen. Hat der Herztyp richtig schön heiße Hände oder Füße, gerät er sogar ohne Grund ins Schwitzen, dann heißt das leider nicht, dass er genügend Wärme abgekriegt hat. Das sind vielmehr Anzeichen einer falschen Hitze, die nicht auf energetische Stärkung, sondern auf eine Schwächung hinweisen.

Prinzip Stärkung

♦ Sie haben die besten Vorsätze und beschlossen, eine Woche lang mal nur Südfrüchte und Salat zu essen. Gilt als die derzeit schnellste Model-Diät, perfekt für die Haut und die Figur, haben Sie gelesen, und Vitamine können ja nie schaden. Aber schon nach fünf Tagen fühlen Sie sich keineswegs vitaler, sondern derart matt, als hätten Sie dauernd schwere Braten gegessen. Gut, dann eben am Samstag einen Fastentag einlegen, damit sich alles wieder einrenkt. Sie haben zwar brüllenden Hunger, aber einen Tag lang halten Sie das schon durch, zumal das Fernsehprogramm bestens ist. Leider geht es Ihnen danach noch schlechter, was Ihnen ein schlichtes Rätsel ist.
Einem TCM-Experten nicht: Sie haben Ihrem Organismus nämlich alles gegönnt, was er nicht brauchen kann.

Essen Sie hochkonzentriert: Kraftbrühen sind Kraftstoff für den Herztyp.

»Gehen Sie so nett mit sich um, wie man früher mit Frauen im Kindbett umging«, sagt Ihr Chinesischer Arzt. »Die wurden selbst in einem bescheidenen Haushalt mit allem verwöhnt, was neue Kräfte mobilisieren kann: zum Beispiel lang gekochte Fleisch- und Geflügelsuppen.« Und dann erzählt Ihnen Ihre Mutter, zu ihrer Zeit habe es für Frauen nach der Entbindung noch Tressinet-Schnitten gegeben, eine traditionelle Süßspeise aus getrockneten, gezuckerten Biskuitscheiben, gewürzt mit Nelken, Zimt und Muskat, mit Rotwein übergossen – und dann genüsslich gelöffelt. Aus Sicht der chinesischen Diätetik absolut richtig; es gibt Konditoreien, die diese Delikatesse noch herstellen. Und sie selbst herzustellen ist ein einfaches Vergnügen.

Tipp für den Herztyp

Schlechte Kost und gute Kost

➤ **Schlecht für den Herztyp**

- die üblichen Salatdiäten (Ausnahmen siehe unten)
- Südfrüchte und Melone
- eiskalte Drinks
- Konserven und Tiefkühlkost
- kalter Weißwein, Champagner, Prosecco

➤ **Gut für den Herztyp**

- lang gekochte Fleisch- und Geflügelsuppen
- Buchweizen, Weizen und Hirse
- Gemüse wie Rosenkohl, leicht Bitteres wie Artischocken, Eisbergsalat, Radicchio und Chicorée, Oliven
- Fleischsorten wie Lamm, aber auch Reh oder Hirsch, generell dunkles und auch gegrilltes Fleisch
- Gewürze wie Muskat, Zimt, Ingwer, Curry
- Kräuter wie Salbei, Rosmarin und Thymian
- Käse von Schaf und Ziege
- Getränke wie Kakao, Rotwein, Portwein oder Sherry

»Familienglück«

Die Kraftsuppe für den Herztyp

1 frische Poularde (keine tiefgekühlte), ausgenommen und gewaschen

1 Ingwerwurzel, 100–150 g, geschält und in Scheiben geschnitten

1 Petersilienwurzel, geschält

2 mittelgroße Zwiebeln, geschält, in Stücken

3 Knoblauchzehen, geschält, halbiert

2–3 TL Currygewürz

etwas Zimt und frisch geriebene Muskatnuss

500 g Karotten, mit dem Sparschäler geschält und in mundgerechte Stücke geschnitten

1 Sellerieknolle, geschält und in mundgerechte Stücke geschnitten

300 g Sojasprossen, gewaschen

2 Stangen Lauch, geputzt, in feine Streifen geschnitten und danach gewaschen

ca. 200 g Basmati- oder Jasmin-Reis, gewaschen

➤ Die Poularde in einen großen Topf legen und so viel kaltes Wasser angießen, dass sie gut bedeckt ist. Ingwer- und Petersilienwurzel, Zwiebeln und Knoblauchzehe zugeben, leicht salzen. Zum Kochen bringen und bei mittlerer Hitze so lange weiterköcheln lassen, bis die Poularde gar ist (je nach Größe ca. 30–40 Minuten).
Den Reis in leicht gesalzenem Wasser wie gewohnt aufsetzen und nebenher körnig garen (wenn er zu früh fertig ist, macht das nichts, er wird in der Suppe ja wieder warm).
Nun mit dem Schaumlöffel das ganze Gemüse und die Poularde entnehmen, die Poularde tranchieren; das Fleisch wird in mundgerechte Stücke geschnitten, alle Knochenteile kommen wieder in die Brühe und werden dort noch einmal ca. 30 Minuten ausgekocht.
Die Brühe durch ein Sieb in einen anderen Topf gießen, damit auch kleinste Knochen sicher entfernt sind. Jetzt alle Gewürze, dann die Selleriestücke und die Karotten in die leise kochende Hühnerbrühe geben. Sind sie al dente, also noch nicht ganz gar, die Sojasprossen und den Lauch beifügen. Nach etwa 5 Minuten sind auch diese Gemüse gar. Den Reis zugeben und die Suppe heiß servieren.

Der Luxus der einfachen Küche: Für diese köstliche Suppe brauchen Sie etwas Zeit, aber keinerlei Übung.

Das Ganze klingt viel mühsamer und komplizierter als es ist, schmeckt aber einfach köstlich und wird auch Ihre Gäste begeistern, gerade wenn Sie die Suppe in der kalten Jahreszeit servieren.

Die Selbstbehandlung des Herztyps durch Akupressur

1 Der siebte Punkt auf der Herzleitbahn liegt auf der Innenseite des Handgelenks in der Verlängerung des kleinen Fingers. Dort ist eine kleine Erhebung, das so genannte Erbsenbein, zu ertasten. Drücken Sie mit dem Fingernagel des rechten Daumens in die Vertiefung links vom Erbsenbein Ihrer linken Hand und reiben Sie diese Stelle in kreisenden Bewegungen.
Es lässt sich mit dem Messgerät nachweisen, dass der Blutdruck während dieser Behandlung innerhalb weniger Minuten absinkt, und Sie spüren, wie Ihr Herz sich beruhigt. Auch gegen Hitzewallungen und nächtliches Schwitzen hilft die Behandlung dieses Punktes.

1

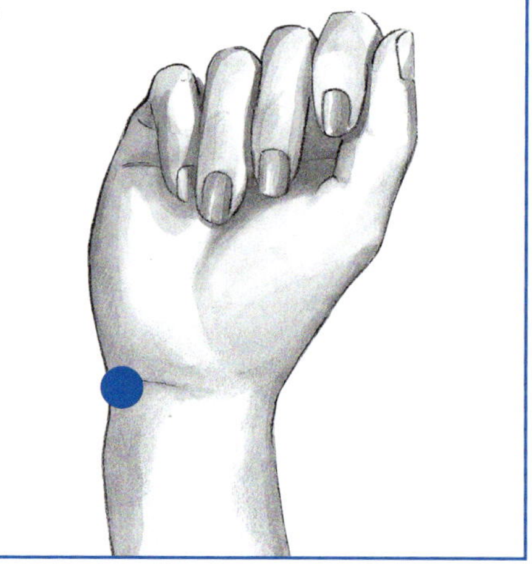

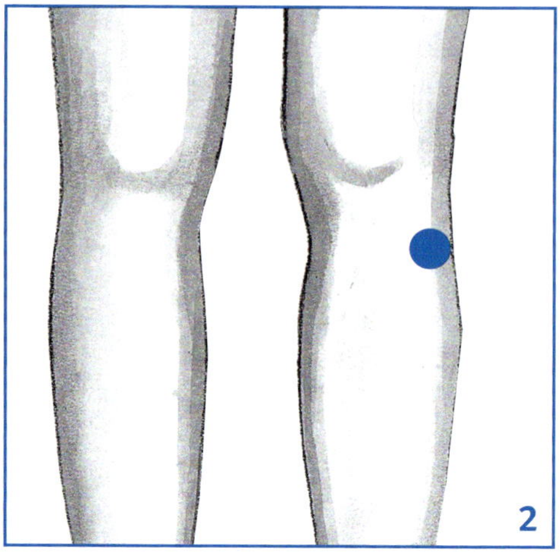

2

2 Der sechsunddreißigste Punkt auf der Magenleitbahn, der berühmte *Zu San Li*, gilt als der Energiespender par excellence. Er liegt unterhalb des Kniegelenks. Sie können dort am Schienbein einen flachen Knochenhöcker tasten; von dessen Unterrand gehen Sie seitlich nach außen, eine Fingerbreite hinter der Schienbeinkante. Massieren Sie diese Stelle an Ihrem linken Bein kreisförmig mit Zeige- und Mittelfinger der linken Hand. In der TCM wird das empfohlen, um die Abwehrkräfte gegen psychischen Stress und Krankheitserreger zu stärken.

Beide Akupressurpunkte werden traditionell nur auf der linken Seite behandelt, vermutlich, weil Magen und Herz links liegen.

Tipps & Tricks für den Herztyp

- Sie träumen davon, eine Party zu geben, aber der Gedanke an die aufwändigen Vorbereitungen ist Ihnen ein Albtraum? Dann laden Sie doch zum Picknick ein – jeder trägt seinen Korb und die Verantwortung dafür.
- Manchmal könnten Sie im Sitzen einschlafen? Tun Sie's überall, wo es nicht falsch verstanden wird. Auch Albert Einstein und der Pianist Vladimir Horowitz waren berüchtigt dafür, dass sie am helllichten Tag vom Schlaf übermannt werden konnten. Und danach topfit waren.
- Werden Sie Stammkunde. Beim Gemüse- und beim Käsehändler, beim Klamotten- und beim Schuhladen, bei der Buchhandlung und dem Bürobedarf. Dann macht ein Umtausch nie Ärger, eine Reklamation keine Schwierigkeiten und der vergessene Geldbeutel so wenig Sorgen wie der dort liegen gelassene.
- Wenn Sie als Reisender vor dem Abflug oder der Zugabfahrt panisch sind, suchen Sie sich einen sympathischen Taxifahrer, den Sie zum Lieblingschauffeur machen; und bestellen Sie ihn schon ein paar Tage vorher telefonisch. Kein Stress mit verwaistem Taxistand, das gewohnte Auto statt eines Aschenbechers auf Rädern, ein vertrauter Fahrer statt eines Kamikazekämpfers.
- Merken Sie sich, wenn Sie viel unterwegs sind, bei jedem Hotel das Zimmer, das Ihnen gefiel. Und reservieren Sie genau das.
- Hören Sie auf mit nächtlichen Überstunden zu Hause. Was Sie da noch zu Stande bringen, wirkt nur nachts genial. Stehen Sie lieber um fünf oder sechs Uhr auf. Dann sind Ihre Gehirnzellen auch biochemisch wieder fit.

Zu zweit ohne Stress

Die Partnerschaftsstrategie für den Herztyp

An einem trüben Sommertag, auch am Mittag wurde es einfach nicht richtig hell, kam eine Freundin trotzdem mit einer Sonnenbrille daher. »Das ist keine Sonnenbrille, das ist meine Glücksbrille«, grinste sie. »Wenn ich niedergeschlagen bin und mich die graue Stadt frustriert, dann ziehe ich sie an und alles sieht sonnig aus.« Als ich mir diesen Stimmungsaufheller aufsetzte, ein Plastikteil mit gelben Gläsern, schien tatsächlich die Sonne aufzugehen.
Warum nutzen wir einen solchen Effekt nicht für eine gewohnheitsgraue Partnerschaft?
Das Tragen einer mentalen rosa Brille empfiehlt sich vor allem den Paaren, die im Freundeskreis als perfekt gelten, aufeinander eingespielt, bedingungslos offen und ehrlich zueinander und rundum mit allen Schwächen des Partners vertraut. Sie weiß, dass er aufhört zu schnarchen, wenn sie ihn stupst, und er weiß, dass sie besser zu ertragen ist bei herannahender Periode, wenn sie sich mit einem Glas Rotwein

ins Vollbad verziehen darf. Sie kann damit leben, dass ihm die Haare ausgehen, und er damit, dass sie Cellulite hat. Wozu also eine rosa beziehungsweise gelbe Brille aufsetzen, um sich in einem anderen Licht zu sehen – einem Licht, das gar nicht echt ist und den unbestechlichen Blick trübt? Wer es jedoch ausprobiert, stellt fest, es ist ein Wundermittel, denn auf einmal kehrt all das in die angeblich perfekte Beziehung zurück, was man achselzuckend für immer verloren glaubte – Verliebtheit, Begehrlichkeit und Romantik. Wie das funktioniert? Im Grunde ganz einfach.

Der liebende Blick

➤ Am Anfang steht eine Frage, die sich jeder alleine stellen muss: Was war es eigentlich, worin ich mich damals so verknallt habe?

Ja, das war seine Stimme. Sein Witz. Seine Augenfarbe. Und diese herrlich warmen, trockenen, kräftigen Hände.

Ja, das war ihr Lächeln. Ihr Gang. Ihre Art, den Kopf zurückzuneigen während eines langen amüsierten Blicks. Und ihre Schlagfertigkeit.

Und eigentlich ist all das noch vorhanden. Nur übersehen, überhören und überspü-

Tipp für den Herztyp

Sex ohne Stress

Ja, Sie wissen es. Küchentisch, Lift, Toiletten im Jumbo-Jet, Schreibtische im Büro: Überall dort, wo Sie sich den Rücken aufschrammen, Wadenkrämpfe oder einen Hexenschuss kriegen oder vor Stress beinahe einen Herzschlag, ist der Sex angeblich unvergleichlich. Vergessen Sie diese Empfehlungen gelangweilter Ratgeberautoren. Überrascht zu werden finden Sie zurecht peinlich und unbequeme Plätze nur etwas für Leute, die fremdgehen, keine eigene Wohnung haben und auch nicht das Geld für ein Hotelzimmer. Dass der Sex im Lift an Kitzel kaum zu überbieten sei, ist eine der dümmsten Lügen aus der Frühzeit des »Playboy«. Wozu gibt es bequeme Betten, dicke Teppiche, gemütliche Sofas, weiche Wiesen?

Auch was die Inszenierung der Liebe angeht: Machen Sie keine Umstände. Zumindest nicht immer. Es braucht nicht jedes Mal die große Aufführung zu sein mit der richtigen Musik, richtiger Beleuchtung und Champagner. Morgens unter der Bettdecke die erwachende Erregung des anderen zu spüren und sich von Plumeau und Spießerängsten zu befreien und einfach die gute Gelegenheit zu nutzen – das gibt ein seelisches Polster für den ganzen Tag. Wenn Sie sich einreden lassen, es müsse jedes Mal alles perfekt sein, lassen Sie den Sex vor lauter Stress nämlich ganz bleiben.

ren beide genau das, was sie einmal betört hat. Genau darin liegt die fatale Macht der Gewohnheit: dass wir die schönen Dinge als gegeben hinnehmen und die Fähigkeit verlieren, sie bewusst wahrzunehmen und zu genießen.

Gewohnheit – das ist eine graue Brille und die setzen wir leider alle bereitwillig auf. Sie ist zudem eine Vergrößerungsbrille: durch die sie vor allem sieht, wie seine Nase dicker wird, sein Hals faltiger; und durch die er genau erkennt, dass ihr Bäuchlein runder wurde und die Falten um die Augen mehr. Sie wird sofort wach, wenn er den ersten Schnarcher tut, und er reagiert aggressiv, wenn sie für seine Ohren herumschreit, obwohl sie das »rufen« oder »erklären« nennt.

Es gibt den berühmten liebenden Blick, der das, worauf er fällt, schön erscheinen lässt. Es ist der Blick einer Mutter auf ihr Kind. Schön ist, was mit Liebe betrachtet wird. Diese Einsicht gerät bei vielen Paaren im Lauf der Jahre in Vergessenheit. Die rosa Brille lässt den Partner nicht in einem falschen Licht erscheinen, sondern in einem, das wir anzuknipsen verlernt haben.

Plötzlich kapiert sie, dass da einige Frauen im Bekannten- oder Freundeskreis für ihren Mann schwärmen. Auf einmal kann er es gut nachvollziehen, dass sie von jüngeren Männern angehimmelt wird. Manche Menschen erkennen die Schönheit ihrer Heimat erst, wenn sie in der Fremde waren und nach langer Zeit heimkehren. Ähnlich verhält es sich in der Liebe, wenn wir die mentale rosa Brille aufsetzen. Und was wir durch sie sehen, weckt das wieder auf, was lange geschlafen hatte: das Interesse für diesen Menschen. Seine Träume, seine unerfüllten Wünsche, seine Sehnsüchte. Dadurch verwandelt er sich wieder vom Verkäufer in den Liebhaber, vom Computerfachmann in den Helden; dadurch verwandelt sie sich wieder von der Lehrerin in die Verführerin, von der Redakteurin in die Göttin.

Sonnenbrille runter, rosa Brille auf: Der liebende Blick verschönt Ihren Partner. Und damit auch Ihr Leben.

»Ein Mann interessiert sich eher für eine Frau, die sich für ihn interessiert, als für eine Frau mit schönen Beinen«, hat ausgerechnet Marlene Dietrich gesagt.

Die mentale rosa Brille beendet die Routine und ist der Beginn einer neuen Glücksfähigkeit. Wer sie trägt, wartet nicht auf das Wunder der großen Liebe. Wer sie trägt, sieht endlich, dass es längst da ist.

Sie spucken nicht aus, was Sie bedrückt.
Sie fressen lieber alles in sich rein.
Und bilden sich ein, damit sei es gegessen.

DER MAGENTYP: DER SELBSTTRÖSTER

Motto: »Das schlucke ich alles runter«

... im Berufsstress

◆ Sie haben es hinter sich. Der Ansturm ist vorbei. Obwohl plötzlich alle gleichzeitig etwas von Ihnen wollten, haben Sie perfekt funktioniert. Wie üblich wird das alles hingenommen, als wäre es selbstverständlich. Kein Dank, kein Lob, im Gegenteil. Aber Sie haben sich nicht anmerken lassen, wie sehr Sie diese undankbare Mischpoke nervt, Sie kennen das schließlich – keiner belohnt Sie, auch das müssen Sie noch selbst übernehmen. Gut, dass Sie wissen, was Sie tröstet und beruhigt: Sie gehen an Ihr Versteck und gönnen sich Ihr Beruhigungsmittel. Kein Wunder, dass die halbe Tafel Schokolade gleich weg ist, bei diesem Megastress. Eigentlich können Sie den Rest von der Schokolade auch noch vertilgen, was soll's. Nur: Kaum ist sie drunten, sind Sie deprimiert. Es ist wieder passiert. Dabei hatten Sie es doch schon zwei Tage geschafft, die Finger zu lassen von Ihrem Süßwarendepot. Jetzt, wo es eh zu spät ist, ist Ihnen alles egal. Es beschäftigt Sie jetzt nur noch, in welcher Konditorei Sie sich nach Büroschluss noch Sahnetorte, Bienenstich und Krapfen beschaffen können. Und es beruhigt Sie, dass gleich drei am Weg liegen.

♦ Ihr neuer Geschäftspartner lässt sich das Ganze ordentlich etwas kosten, alle Achtung: In diesem teuren Schuppen essen gehen? Das würden Sie sich selber nicht leisten. Als der Ober die Bestellung aufnehmen will, überlässt Ihr Gastgeber, der offenbar großes Vertrauen in die Küche hier besitzt, mit wissenden Lächeln dem Chefkoch die Auswahl der Gänge: »Lassen Sie ihn mal machen …« Während mit viel Brimborium die Vorspeise serviert wird, schießt Ihnen noch etwas durch den Kopf … keinesfalls vergessen! Unbedingt merken, für nachher. Das Gespräch läuft gut an. Sie essen Ihren zweiten Gang zügig auf, damit am Tisch Platz wird für die Unterlagen, die Sie zwischendurch aus der Aktenmappe holen. Warum braucht Ihr Gesprächspartner nur derart lange, bis er sein Fleisch gegessen hat? Ihr Teller ist längst leer, Sie wollen schließlich zur Sache kommen. Prima, jetzt wird die Diskussion angeregter, schnell putzen Sie noch die Nachspeise weg. So, aber jetzt. Da tritt dieser Koch an den Tisch, jaja, der hat einen Namen, aber dass er sich deswegen gleich so wichtig machen muss und die Gäste persönlich fragen, wie's geschmeckt hat. »Mein Steak war Klasse«, sagen Sie. »Aber Sie hatten doch den Thunfisch in der Sesamkruste an japanischen Gemüsen, oder?«, fragt der Meister. Und Ihr Gesprächspartner meint mit einem etwas schmerzlichem Gesichtsausdruck: »Leider teilt der Herr nicht meine Begeisterung für Ihre Kunst, leider.« Ob sich das auswirken wird?

… im häuslichen Stress

♦ Nichts wie heim und entspannen. Raus aus Jackett und Schuhen, ein Drink, Füße hoch, Fernseher an. Heiß, dieser Krimi. Keine Chance, rauszugehen. Beim ersten Werbeblock sind Sie endlich in der Küche, laden sich ein Tablett voll mit allem, was der Kühlschrank so bietet – wozu groß anrichten, das kostet bloß Zeit. Sie stellen die Vorräte zwischen sich und den Fernseher. Eigentlich gemütlich: sitzen bleiben können, futtern und ganz in diesem Film versinken. Als er zu Ende ist und Sie aufs nächste Programm umschalten, merken Sie, dass Sie alles, was auf dem Tablett stand, weggehoovert haben. Und wundern sich, warum Sie sich so gar nicht satt und zufrieden fühlen, im Gegenteil: Sie fühlen sich unruhig, unbefriedigt und wie aufgebläht, so dass Sie sich dringend einen Verdauungsschnaps gönnen müssen.

♦ Sie haben alles perfekt vorbereitet für diesen Samstagabend. Den Tisch schön gedeckt, Kerzen, Blumen, die besonderen Weingläser, sanfte Musik. Denn die Woche war für Sie beide hart. Hinterher könnten Sie gar nicht mehr sagen, warum plötzlich das Gespräch auf sie kam, diese Frau, die Ihren Mann schon auf mehreren Events und Einladungen hemmungslos angemacht hat. Er beschwört jedes Mal, sie interessiere ihn überhaupt nicht, sie sei nicht im mindesten sein Typ. »Aber warum redest du dann mit ihr? Du könntest ihr doch klar machen, dass du nichts von ihr willst und ihr die kalte Schulter zeigen.« Ihre ausgezeichnete Suppe wird nicht gelobt. Von dem teuren Fisch schmecken Sie so gut wie nichts, denn der Streit weitet sich aus. Dann ist der Wein leer. Bei der zweiten Flasche werden die Vorwürfe noch heftiger, der Ton wird schärfer, der Schlagabtausch schneller. Und der zauberhafte Abend endet damit, dass Sie Rücken gegen Rücken mit Magengrimmen und leichter Übelkeit im Bett liegen und keinen Schlaf finden.

... im Freizeitstress

♦ Diesmal freuen Sie sich auf die Party. Denn Sie fühlen sich gut, weil Sie in den letzten Tagen Ihre Diät gut durchgehalten haben und Ihnen das neue schwarze Kleid wirklich gut steht. Ein alter Bekannter, auf den Sie am Büffet stoßen, begrüßt Sie mit der Bemerkung: »Hast du etwas zugelegt, seit wir uns das letzte Mal gesehen haben? Steht dir aber, wenn du ein bisschen mehr auf den Knochen hast.« Der Abend ist in dieser Sekunde für Sie gelaufen und das verlockende Büffet bleibt von Ihnen unberührt. Sie schaffen es auch, sich bis halb eins nur an Ihrem Glas und Ihrer Zigarette festzuhalten. Als Sie schließlich daheim in Ihrem Bett liegen, sind Sie rundum

Da geht es Ihnen Gold: Wenn Sie sich erden, kommen Sie zu sich. Denn da fühlen Sie sich in Ihrem Element.

schlechter Laune. Es ist schon zwei, als Sie noch mal aufstehen und nachsehen, was sich noch im Kühlschrank befindet. Der Rest Aufschnitt, ein Becher Mousse au chocolat, Gewürzgurken, eingeschweißter Räucherlachs, zwei Fruchtjoghurts, ein Stück Käse. Das alles wird jetzt in der Küche vertilgt, im Stehen, ohne Pause. Und Sie nehmen sich vor, in der nächsten Zeit bestimmt auf keine Party mehr zu gehen.

♦ Ihr großes Pasta-Essen war wie immer ein Riesenerfolg. Hausgemachte Nudeln – soll einer sagen, Männer könnten so etwas nicht. Sie wissen, dass Ihre Freunde noch tagelang davon schwärmen, wie selbstlos Sie Ihre Gäste verwöhnen. Nur die besten Weine, die Runde so klug ausgewählt wie die Musik. Kein Wunder, dass die Stimmung von Anfang an erstklassig war. Das Aufräumen am nächsten Tag geht Ihnen gut von der Hand, aber als Sie dann mit Ihrer Zeitung bei einem späten Frühstück sitzen, von der katastrophalen wirtschaftlichen Lage lesen und von den fallenden Kursen, kommen Sie ins Grübeln. Während Sie Ihre Spiegeleier mit Speck essen und Ihren ausgezeichneten Caffè Latte trinken, kreisen Ihre Gedanken weiter um diese Probleme. Fristlose Kündigungen, Insolvenzen, Schließungen … Es kann doch schon morgen jeden erwischen, auch Sie. Während Sie Ihr Croissant eintunken, können Sie noch immer an nichts anderes denken. Leider hilft es nichts gegen Ihr Magendrücken, dass Sie die Zeitung, die an allem Schuld trägt, wütend in den Müll knüllen.

Der Magentyp aus der Sicht der TCM

Seine Wandlungsphase ist die Erde. Dem entsprechen im Analogiesystem der chinesischen Denkweise:

➤ die Tageszeit Nachmittag, die Farbe Gelb, die Jahreszeit Spätsommer. Gelb ist die Farbe des Kaisers – geographisch gehört zur Wandlungsphase Erde keine Himmelsrichtung, sondern der Ort, an dem der Kaiser sich aufhält: die Mitte, das Zentrum des Reichs.

➤ die Emotion des Nachdenklichen bis hin zum Grübeln. Aufgabe dieses Bereichs ist Verdauung im doppelten Sinn: die der stofflichen wie der geistigen Nahrung.

➤ der süße Geschmack; in kleinen Mengen wirkt Süßes beruhigend auf den Magentyp, in größerer Menge aber führt es zu dem, was sich in der TCM Feuchtigkeitsansammlung nennt, das heißt Gewichtszunahme und Verschlackung.

➤ Reaktionsweise bei Stress: Der Magentyp reagiert bei Stress mit Störungen im Essverhalten, sei es, dass er zu viel, zu hastig oder unregelmäßig isst, während der Mahlzeit abgelenkt ist, sich streitet oder sich an irgendwelchen Gedanken festbeißt. Daher sind Verdauungsbeschwerden für ihn symptomatisch. Der Vorgang ist physiologisch leicht erklärbar: Durch die Kopfarbeit während des Essens wird zwar das Hirn besser durchblutet, nicht aber der Bauch, und weil durch die Stressreaktion bei Streit und Ärger das Blut aus dem Bauchraum umgeleitet wird in die

Muskulatur, fehlt das Blut im Bauch, der es zur Verdauung dringend bräuchte. Die körperlichen Folgen: Völlegefühl, saures Aufstoßen, Blähungen, Bauchschmerzen, Verstopfung oder Durchfall; längerfristig schwere Beine, Kopfdruck und Gewichtszunahme oder -abnahme.

➤ Psychisch reagiert der Magentyp auf Stress mit Suchtverhalten im weitesten Sinn. Das kann sich um eine Sucht auf mentale Reize handeln (etwa rastloses Zappen), um eine Sucht auf Süßes, Alkohol oder Nikotin, aber auch um Esssucht, Ess-Brech-Sucht (Bulimie) oder Magersucht (Anorexie). Bei schweren Störungen hilft allerdings nur die Behandlung durch einen erfahrenen Psychotherapeuten, der die Ursachen der Suchtneigung aufdeckt.

Der Magentyp in der Irisdiagnostik

➤ Die Augenfarbe: meistens der Mischtyp (blaue Augen mit braunen Einlagerungen).

➤ Die typischen Iriszeichen: unter Umständen ist die zentral gelegene Krausenzone weißlich aufgehellt als Zeichen für eine Übersäuerung des Magens, oder die Krausenzone ist in der Dickdarmzone ausgeweitet als Hinweis auf träge Verdauung; häufig finden sich Krampfringe (vegetativ-spastische Disposition) oder ein Lipoidring, der auf Störungen im Fettstoffwechsel hinweist.

Was hilft dem Magentyp gegen Stress?

Ganz sicher hilft eines: der Abschied von der negativen Erlebnisgastronomie. Und die Entdeckung, dass die Befolgung von drei simplen Grundregeln zuverlässiger schlank macht als jede Wunderdiät und besser hilft gegen die vielen Verdauungsprobleme als ein täglicher Pillencocktail.

➤ Wenn Ihnen bisher schlecht wurde beim bloßen Gedanken an den Rat der Ernährungsmediziner, fünfmal am Tag Gemüse zu essen, können Sie aufatmen. Das Gesündeste sind drei Mahlzeiten am Tag. Dazwischen aber sind weder maßlos

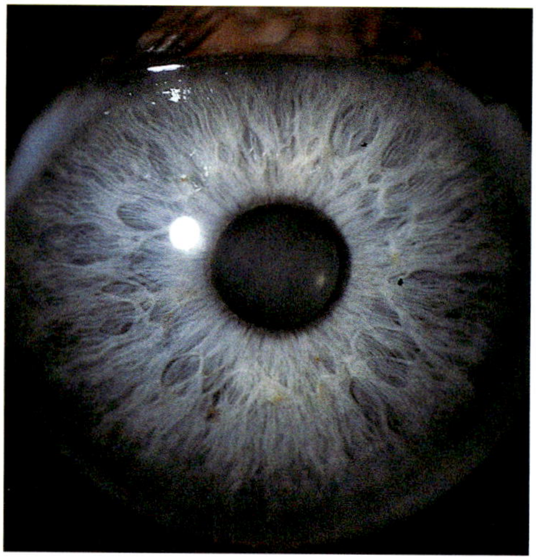

Magentyp mit aufgehellter, zentraler Krausenzone. 50-jähriger Mann, der seit seiner Jugend bei Stress sofort Gastritis bekommt.

gesunde Vital-Kornspitze noch besonders wertvolle Energieriegel erlaubt. Und nach dem Abendessen schaden Sie bitte lustvoll der Junkfood- und Süßwarenindustrie, denn damit tun Sie sich selbst etwas Gutes: keine Chips zum »Tatort«, kein Popcorn zum »Harry Potter«-Film, keine Mozartkugeln zu Mozart von der CD.

➤ In Filmen wirkt das ja stark, wenn der Held einsam vor sich hin gabelt, seinen Whisky kippt und mit unwiderstehlich tragischem Blick ins Nichts blickt. In Wirklichkeit aber wirkt das eher schlecht. Auch wenn Sie ein Einzelkämpfer sind, alleine leben und gerne als Individualist gelten, sollten Sie möglichst nicht alleine essen. Denn in jeder Gesellschaft dieser Welt ist die Tischgesellschaft die wichtigste. Wenn Sie in keiner leben, dann suchen Sie sich eine. Weil den wenigsten das Geld reicht, um jeden Abend Essen zu gehen bei einem kontaktfördernden Steh-Italiener oder im Szene-Bistro, hilft alles nichts: Lernen Sie, einzuladen. Zum gemeinsamen Kochen, auf ein Picknick im Sommer, einen Eintopf im Winter oder auf das große Stück Parmesan und den Rotwein, die Sie aus dem Urlaub mitgebracht haben.

➤ Es gibt ein Thema beim Essen, das nahe liegt, guten Geschmack beweist und gut für die Verdauung ist: das Essen. Aller-

Stress-Info

Nachrichten aus dem Psycholabor (5)

Der Forscher Stanley Schachter stellte eine kühne Hypothese auf: Normalgewichtige Menschen essen dann, wenn sie innere Hungergefühle verspüren, übergewichtige hingegen dann, wenn ein Reiz von außen ihnen signalisiert, es sei Essenszeit – zum Beispiel die Uhr.

Um seine Theorie zu überprüfen, brachte er Studenten aus einem Wohnheim der Columbia University in zwei verschiedene Räume: Im ersten waren die Uhren so manipuliert worden, dass die Studenten meinten, es sei früher als ihre übliche Essenszeit, im zweiten gingen die Uhren vor, sodass die Studenten meinen mussten, es sei schon nach ihrer Essenszeit.

Allen wurden Schüsseln mit Crackern hingestellt, aus denen sie sich bedienen konnten. Die übergewichtigen Studenten in Raum eins hielten sich zurück, die Übergewichtigen in Raum zwei griffen gnadenlos zu. Weil die Uhr ihnen sagte, dass sie ja längst Hunger haben müssten. Bei den normalgewichtigen Studenten hatte das, was die Uhren anzeigten, keinerlei Einfluss aufs Essverhalten.

dings erscheint das manchen Menschen so banal wie Literaturkritikern Romane mit Happy End. Sie zeigen lieber ihr Wissen und ihr Engagement, indem sie das Leid der Dritten, zweiten und ersten Welt diskutieren. In anderen Kreisen geht es, wenn von Liquidationen die Rede ist, nur um die ärztlichen und um die Krankheiten, für die da bezahlt werden soll. »Hör auf damit, das schlägt mir auf den Magen«, protestieren manche bei solchen Tischgesprächen. Leider zu wenige – wer lässt sich schon gern vorwerfen, der volle Teller sei ihm wichtiger als volles Mitleid. Der Magentyp braucht natürlich keine Mitesser, um sich gezielt wenn nicht schon den Appetit, so wenigstens die Verdauung zu vermasseln. Denn er weiß, dass es vom Zeitmanagement her ökonomisch ist, während des Frühstücks Zeitung zu lesen, während des Mittagessens die Probleme im Job durchzuhecheln und während des Abendessens schon die Tagesnachrichten zu sehen. Dass ihm nach jeder Mahlzeit etwas übel ist und er auch nicht mehr genau sagen kann, was er eigentlich gegessen hat, ist jedoch ein Hinweis darauf, dass Zeitsparen auf Kosten der Gesundheit gehen kann.

Die Übung für den Magentyp

1 Brechen Sie ein Stückchen von Ihrer Lieblingsschokolade ab und schneiden Sie es in der Mitte durch, auch wenn Ihnen das mickrig vorkommt. Jetzt schnuppern Sie erst mal an diesem kleinen Teil und

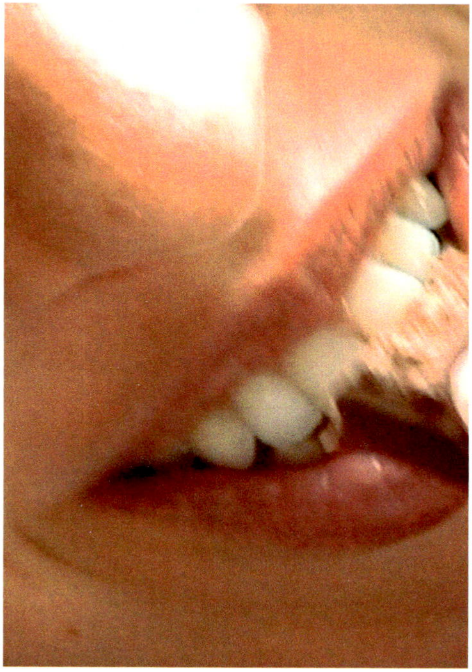

Finden Sie Geschmack am Schmecken: Genuss macht langsam – und deswegen schlank.

überlegen Sie, was da eigentlich alles drin sein könnte. Haben Sie jemals die Inhaltsangabe auf der Rückseite der Tafel gelesen? Ist das ein Hauch Vanille oder etwas anderes, was Ihnen derart Appetit macht?

2 Legen Sie das Schokoladenstückchen auf die Zunge. Schließen Sie den Mund und die Augen. Spüren Sie, wie die Schokolade weich wird, und schmecken Sie, wie sie jetzt erst ihre Aromen nach und nach entfaltet. Versuchen Sie, die Schokolade möglichst lang im Mund zu behalten, so als wäre sie ungeheuer kostbar.

3 Wenn Sie sie schließlich geschluckt haben, genießen Sie noch den Nachgeschmack. Erst wenn der sich verflüchtigt, nehmen Sie die zweite Hälfte des Rippchens und essen das genauso langsam.

Was diese Übung soll? Sie dient erstens dazu, Ihre Genussfähigkeit zu steigern und zu verhindern, dass Sie gedankenlos konsumieren. Genau das sollte für Sie zur Gewohnheit werden, ganz egal wo und was Sie zu sich nehmen: aufmerksam und bewusst den Geschmack, aber auch die Konsistenz von allem wahrzunehmen, was Sie sich in den Mund schieben.
Und sie soll zweitens dazu führen, dass Sie sich selbst besser wahrnehmen.

Die Ernährung für den Magentyp

Prinzip Abkühlung

Aus chinesischer Sicht leidet der Magentyp im Stress an einer Fülle von Hitze. Das heißt: Ihm tut gut, was innerlich abkühlt. Weil er zur Reizüberflutung neigt, braucht er beruhigende Kost.

»Pinzimonio« – rohes Gemüse nach toskanischer Art

Der gesunde Sattmacher für den Magentyp

Salatgurke, Karotten, Bleich-/Stangensellerie, Chicorée, Frühlingszwiebeln und Fenchel

Rettich

Olivenöl extra vergine

Frisch gemahlener Pfeffer, zerriebener Knoblauch und etwas Salz, nach Bedarf ein wenig frisch gemahlener Parmesan

➤ Die Gemüse putzen und waschen, dann in längliche Stücke schneiden (den Chicorée der Länge nach in Viertel). In eine oder mehrere hohe Schüsseln oder Gläser senkrecht hineinstellen.
Pfeffer, Knoblauch, etwas Salz und Öl, eventuell den Parmesan, miteinander verrühren. Jeder Gast bekommt ein Schälchen mit dieser Sauce, in die er die Gemüse hineindippt.

Gegen Hunger und Erhitzung: rohes Gemüse.

Hirsebrei

Die sanfte Kost für harte Tage

2 Hähnchenkeulen

1 Sellerieknolle, geschält und in Stücke zerteilt

3 Karotten, geschält und in Stücke zerteilt

1 Zwiebel, geschält und in Stücke zerteilt

1 Petersilienwurzel, geschält

1 Stange Lauch, in Stücken

Salz

Pfeffer aus der Mühle

Hirse (aus dem Reformhaus)

Grenzenloses Vergnügen: Vom Hirsebrei dürfen Sie essen, so viel Sie wollen.

➤ Setzen Sie die Hähnchenkeulen in ca. 2 l kaltem Wasser mit Salz und Pfeffer auf, und bringen Sie das Ganze zum Kochen. Lassen Sie es 15 Minuten weiterkochen, geben Sie dann die vorbereiteten Gemüse zu, und lassen Sie alles bei mittlerer Hitze noch ca. 20 Minuten lang köcheln.

Ist alles gar, entnehmen Sie alle Einlagen und bewahren sie auf; nur die Petersilienwurzel wird weggeworfen. Lassen Sie die Gemüsebrühe nun völlig abkühlen.

Geben Sie die Hirse in die Gemüsebrühe: einen Teil Hirse auf vier Teile Brühe. Bringen Sie auch das langsam zum Kochen, reduzieren Sie die Hitze, decken Sie den Topf zu und lassen Sie die Hirse in ca. 20 Minuten garen, ohne umzurühren. Wichtig ist, dass die Temperatur nicht zu hoch ist, damit die Hirse nicht anhängt.

Nach 20 Minuten den Topf vom Herd nehmen und die Hirse noch zehn Minuten zugedeckt weiter quellen lassen. Sie ist fertig, wenn die ganze Flüssigkeit aufgesogen ist und die Körner weich, aber nicht verkocht sind.

➤ Sie können die Hirse pur, mit etwas geriebenem Parmesan, einem kleinen Stückchen Butter oder auch mit den Gemüsen oder der Hähnchenkeule essen, mit denen Sie die Brühe gekocht haben.

Auch wenn dieses Rezept etwas umständlich klingt: Hirsebrei ist ein ebenso preiswertes wie wandlungsfähiges Gericht. Sollten Sie gar keine Zeit und Lust haben, sich selbst eine Gemüsebrühe zu kochen, kaufen Sie im Reformhaus oder im Bio-

Tipp für den Magentyp

Schlechte Kost und gute Kost

➤ **Schlecht für den Magentyp**

- Fast Food von Hamburgern bis zu Fertigpizza oder belegten Baguettes
- Krapfen, Fritten und anderes Fettgebackenes
- Puddings, Cremetorten und Schokolade
- Wurst, Würstchen, Leberkäse und anderes, was viel tierisches Fett enthält
- Schweinefleisch
- Sardellen, Salzgebäck, Gepökeltes und alles andere, was stark salzig ist

➤ **Gut für den Magentyp**

- vor jeder Mahlzeit: ein kleiner Salat statt Suppe
- zum Frühstück: Müsli mit gerösteten Flocken, Nüssen, frischem oder gedünstetem Obst (keine Konserve) und Joghurt
- bei Heißhunger mit Fressanfällen: Südfrüchte oder anderes eher Säuerliches
- Obst, Joghurt, Kefir, Buttermilch
- Bei Übersäuerung (Gastritis): Risotto oder Milchreis, Hummus (Kichererbsenbrei)
- Hirsebrei, Polenta – so viel Sie wollen
- im Dampf gedünstetes Gemüse mit frischen Kräutern, beträufelt mit Olivenöl
- Tafelspitz und anderes Siedfleisch
- Fisch, in der Folie gegart oder im Weißweinsud
- mageres Geflügel wie Perlhuhn (Faraona), Fasan, Truthahn

markt eine gute vegetarische Instantbrühe und verwenden Sie diese genauso, also erst, wenn sie wieder erkaltet ist.

Vorgekochte Hirse können Sie im Kühlschrank lange aufbewahren und als Basis vieler Gerichte nutzen, die sich schnell improvisieren lassen, zum Beispiel:

- mit Tomatensauce, frischem Basilikum und geriebenem Parmesan
- mit frischen gehackten Kräutern (Petersilie, aber auch grüner Koriander)
- mit Paprikagemüse
- mit Sojakeimlingen, die Sie nur kurz andünsten und mit etwas Sojasauce würzen
- mit angebratenen Champignons und etwas gehackter Petersilie.

Das Beste am Hirsebrei für den Magentyp: Er kann davon essen, so viel er möchte. Ohne sich Sorgen um die Figur machen zu müssen.

Die Selbstbehandlung für den Magentyp mit Akupressur

1 Bei Fressdruck und Heißhunger hilft es, den dritten Punkt auf der Leberleitbahn unter sanftem Druck ca. 30 Sekunden lang zu reiben. Er liegt am Fußrücken, in der Vertiefung zwischen dem ersten und zweiten Mittelfußknochen. Behandeln Sie nacheinander beide Füße.

2 Bei Verdauungsstörungen wie Blähungen, Durchfall oder Verstopfung empfiehlt sich die Behandlung des fünfundzwanzigsten Punktes auf der Magenleitbahn, mit dem der Dickdarm beeinflusst werden kann. Er liegt jeweils zwei Daumenbreit rechts bzw. links vom Nabel. Massieren Sie beide Punkte gleichzeitig mit Zeige- und Mittelfinger in sanften, kreisenden Bewegungen.

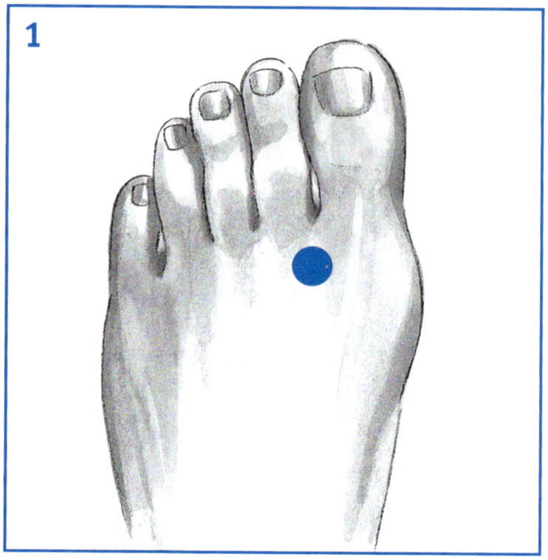

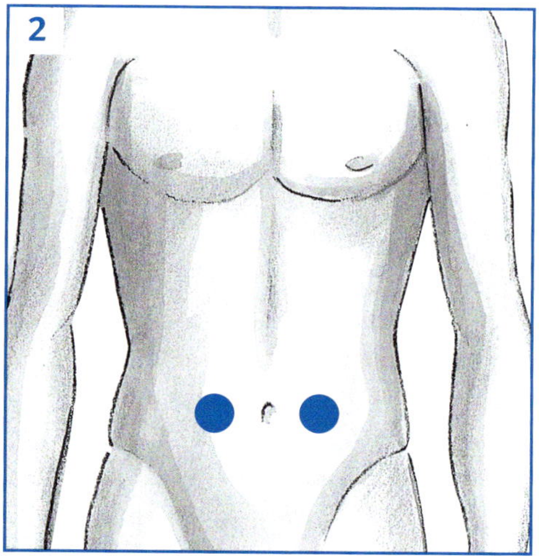

Tipps & Tricks für den Magentyp

➤ Auch wenn es Ihnen spießig vorkommt: Essen Sie regelmäßig dreimal am Tag – ohne Zwischenmahlzeiten.

➤ Nehmen Sie sich Zeit, den Tisch zu decken, futtern Sie nicht im Stehen, nicht aus der Packung oder direkt aus dem Kühlschrank.

➤ Schlingen Sie nicht, sondern kauen Sie lange und gründlich.

➤ Essen Sie möglichst in Gesellschaft und bei heiteren Tischgesprächen.

➤ Werden Sie zum Gastgeber, der ganz entspannt und ohne Ehrgeiz bewirtet, also nicht vorführen will, was er im Kochkurs gelernt hat.

➤ Entdecken Sie Naschwerk, das gesund ist: ein paar mundgerecht geschnittene Stücke von einer vollreifen Melone oder eine Schale mit Walderdbeeren.

➤ Verlieren Sie die Angst vor Kohlenhydraten, denn es ist ein Gerücht, die würden in Fett umgewandelt – das geschieht bei Schweinen, beim Menschen aber erst, wenn er zum Beispiel mehr als vierzig Äpfel oder zwanzig Kilo Blumenkohl am Tag gegessen hat, wie der Ernährungspsychologe Prof. Dr. Volker Pudel errechnete. Nutzen Sie es aus, dass Kohlenhydrate pur satt machen, aber nicht dick; sie sättigen mehr als doppelt so stark im Vergleich zu tierischen Fetten und versorgen Sie auch noch mit Mineralstoffen, Vitaminen und Ballaststoffen. Gedünstet und mit Knoblauch, Olivenöl und frischen Kräutern angerichtet, schmecken folgende kohlenhydrathaltigen sättigenden Gemüse besonders gut: Broccoli, Karotten mit Knollensellerie, Blumenkohl, Zucchini.

Slow Food statt Fast Food: Zeremonien kosten etwas Aufwand, aber sie ersparen Ihnen Übergewicht.

➤ Machen Sie es den Kindern nach, die über dem neuen »Harry Potter« alles um sich her vergessen: Genießen Sie es, wieder einmal in einem Buch völlig zu ver-

sinken, anstatt vor dem Fernseher von einer Sendung zur anderen zu zappen oder einen Stapel Zeitschriften durchzufetzen.

➤ Befreien Sie sich von dem Vorurteil, gesundes Essen sei das Gegenteil von Gourmandise. Trinken Sie ein Glas erstklassigen Chardonnay zu einer Kartoffelsuppe mit Trüffelöl, nicht Selleriesaft zum Tofuburger.

➤ Tierische Fette sind die Hauptschuldigen am Übergewicht, weil die meisten Menschen gar nicht wissen, wie viel Fett etwa in Leberkäse oder Wurst steckt. Entdecken Sie, wie lustvoll fleischloses Essen sein kann – allerdings weniger in streng vegetarischen Spezialrestaurants, sondern bei einem guten Italiener oder Inder.

➤ Halten Sie sich an den Satz von Grimod de la Reynière, dem Helden des Romans »Die Zunge«: »Genuss macht langsam.«

Zu zweit ohne Stress

Die Partnerschaftsstrategie für den Magentyp

♦ Begonnen hatte es damit, dass sie sich die Haare, diese schönen, langen, kastanienbraunen, glänzenden Haare abschneiden ließ, nicht nur kürzen, richtig auf Männerfasson stutzen. Und dass dann ziemlich schnell das Haar nicht mehr kastanienbraun, sondern graubraun war – so sei es seit Jahren, sagte sie, in ihrer Familie würden eben die meisten schon um die Mitte dreißig grau. Und es sei nur natürlich, jetzt mit bald vierzig mit diesen künstlichen Manövern aufzuhören.

»Schade«, hatte er gesagt, »es hat mir so gut gefallen. Das warst irgendwie du …«

»Also bitte«, hatte sie protestiert, »du definierst mich ja hoffentlich nicht durch meine Haarfarbe.«

Dann schrumpfte sie schlagartig. Es sei doch schließlich ihr Recht, in bequemen flachen Tretern zu gehen, oder? Sie habe die ganzen affektierten Schuhe mit Absatz in den Second-Hand-Laden gegeben. »So bin ich eben, ich habe nun mal keine Modelgröße – das weißt du ja eigentlich«, hieß es.

Zuerst sah er nur zu bei ihrer Verwandlung, fragte höchstens mal, warum sie nicht mehr diese hübschen Dessous trage und oben drüber nur noch weitfallendes Vollwaschbares. Dann wurde er mit dem Argument abgefertigt, das sei eben praktischer, bequemer und selbstverständlicher.

Es ist ein ganz normaler Samstagmorgen, als das Ganze explodiert. Er steht auf, sie bleibt noch liegen, sieht ihm vorwurfsvoll und traurig nach, was er nicht registriert. Und beim Frühstück fängt sie unvermittelt an zu heulen. »Du liebst mich nicht. Gib's doch zu: Du hast eine andere. Seit vier Wochen hast du keine Anstalten mehr gemacht, mit mir zu schlafen.«

Er ist offen gestanden froh, dass es dazu gekommen ist. Jetzt bricht es aus ihm heraus: dass ihre eigenartige Verwandlung, dieses wachsende Desinteresse an ihrem Erscheinungsbild, ihm jede Begehrlichkeit raube. »Ich will eben, dass du mich um meiner selbst willen liebst«, schluchzt sie. »Aber – das habe ich doch immer getan.« »Nein, sonst würde es dir nichts ausmachen, dass ich jetzt bin, wie ich bin. Du hast nur die Fassade geliebt – du warst scharf auf mich wegen meiner Frisur, meiner Attraktivität, meines Sexappeals. Du hast mich als Statussymbol gebraucht wie dein Auto. Aber um meiner selbst willen hast du mich nie geliebt.«

Die Forderung »Ich will um meiner selbst willen geliebt werden« hört sich erst mal an wie »Es geht ums Wesentliche, denn auf die Oberfläche kommt's doch nicht an«. Nein – unsympathisch wirkt dieser Wunsch auf Anhieb keineswegs. Und selten ist er auch nicht; er ist nämlich weder den Frauen vorbehalten noch einer bestimmten Altersgruppe. Angemeldet wird er immer da, wo ein Mensch die Befürchtung hegt, vor allem für eine Eigenschaft, ein Merkmal, ein Attribut geliebt zu werden, das vergänglich ist: des jugendlichen Körpers wegen, der Schönheit, des Reichtums, des Erfolgs wegen. Angemeldet wird

Liebe macht Freude, aber auch Arbeit: jeden Tag aufs Neue um den anderen zu werben, macht seine Kostbarkeit bewusst.

er dann, wenn – sei es durch Unfall oder Zufall, Alter oder wirtschaftliche Umstände – plötzlich klar wird, dass jene Qualität endlich ist und die Angst hochsteigt, mit ihr gleichzeitig alle Zuneigung einzubüßen. Geld weg – Frau weg. Jugend weg – Liebe weg.

In vielen Märchen verkleiden sich deshalb Prinzen und Könige als Bettler, um zu prüfen, ob sie ihrer Macht und ihres Geldes wegen oder um ihrer selbst willen geliebt werden.

Doch es gibt nur ein Wesen, das nur um seiner selbst willen geliebt wird: der Säugling. Er braucht nichts zu können, nichts zu leisten, er muss sich nicht bemühen um Liebe. Dass er da ist, genügt. Doch mit jener Zeit der Unschuld geht auch die Zeit vorbei, in der wir Anspruch haben auf die bedingungslose Liebe. Und schon das Kleinkind lernt, welches Verhalten gut ankommt und mit Zuwendung und Liebe belohnt wird und welches nicht.

Als Erwachsene gehen wir jedes Liebesverhältnis sehenden Auges ein: Wir verlieben uns nicht in Schwächen, sondern in Stärken – seien sie noch so leise; wir verlieben uns nicht in negative, sondern in positive Eigenschaften. Und auch wenn uns klar ist, dass zu jeder Sonnenseite eine Schattenseite gehört: Die Schattenseite ohne die sonnige will kaum einer.

Und – seien wir ehrlich: Wir verlieben uns zuerst einmal in das, was sinnlich wahrnehmbar ist, nicht in das, was wir erst noch ergründen müssen. In die Anmut ei-

Tipp für den Magentyp

Sex ohne Stress

Selbstzweifel und Selbstkritik haben ja etwas für sich, nicht aber, wenn Sie nur noch gegen sich sind, vor allem gegen Ihre Figur. Jetzt mal speziell für die Frauen: Fangen Sie an, Ihre weiblichen Hüften, Ihre samtigweichen Oberschenkel, Ihr kleines Bäuchlein, Ihren Mädchenbusen oder Ihre Sexbombenbrüste zu lieben. Der Blick der Männer ist vielleicht manchmal gierig, haltlos oder schamlos. Aber er ist immer milder, als Sie denken. Männer sehen nachweislich die Cellulite gar nicht, deretwegen ihre Liebste viel Geld rauswirft, sich schindet und quält. Hören Sie auf, beim Sex den Bauch einzuziehen oder daran zu denken, ob man in dem Licht die Falten um die Augen sieht und ob Sie Ihre Oberarme auch so drapiert haben, dass sie keine Falten quetschen. Finden Sie sich endlich schön und begehrenswert so, wie Sie sind. Das gibt Ihnen beim Sex genau die souveräne Gelassenheit, die Sie unwiderstehlich macht.

ner Bewegung, in die Farbe des Lachens, in die Kontur eines Kinns, in den Glanz der Augen, in die Zartheit eines Munds.

Das Äußere ist Teil unseres Selbsts

Was wir an einem Menschen sehen, ist mehr als das Sichtbare, denn es verbindet sich sofort mit bewussten und unbewussten Assoziationen, mit Gefühlen, mit Begierden. Das kastanienbraune Haar einer Frau wird so zum Symbol einer Eigenschaft, es harmoniert vielleicht mit dem dunklen Klang ihrer Stimme, ihrem schwingenden Gang auf den High Heels. Ihre schönen Dessous verbinden sich mit ihrer Begabung, die Dinge des Lebens schön zu arrangieren, und die Art, wie sie die Augen schminkt, verrät etwas von ihren Träumen, eine Spanierin zu sein.

Das Äußere ist, anders gesagt, Teil unseres Selbsts – in einem größeren Maß, als wir es freilich zugeben wollen. Und wäre es nicht verlogen, genau die Mittel, mit denen ich jemanden verführt, also dazu gebracht habe, sich in mich zu verlieben, nachher als unnütz zu verwerfen? Was an Gefühlen und Erlebnissen gespeichert wird, was sich einnistet in unserem Unbewussten, lässt sich nicht einfach herausjäten wie Unkraut.

Das Gute daran: So können wir in einem vertrauten Menschen noch mit 50 den jungen sehen, in den wir uns verliebt haben. Der natürliche Vorgang des Alterns und Reifens zerstört Liebe, wenn sie diesen Namen verdient, mit Sicherheit nicht. Hingegen kann sich der unnatürliche Prozess, das Äußere und den Ausdruck radikal zu verändern, zerstörerisch auswirken. Denn diese Geste sagt: Wie ich auf dich wirke, ist mir gleichgültig. Sie signalisiert den Abschied von der Bemühung um den anderen. Aber Liebe einzufordern als Tribut an das eigene Ego ist selbstsüchtig und narzisstisch. Wer auf einmal nur um seiner selbst willen geliebt werden will, hat vergessen, was Liebe ist: Liebe ist Arbeit. Und zwar eine, bei der die Beteiligten niemals in Rente gehen dürfen.

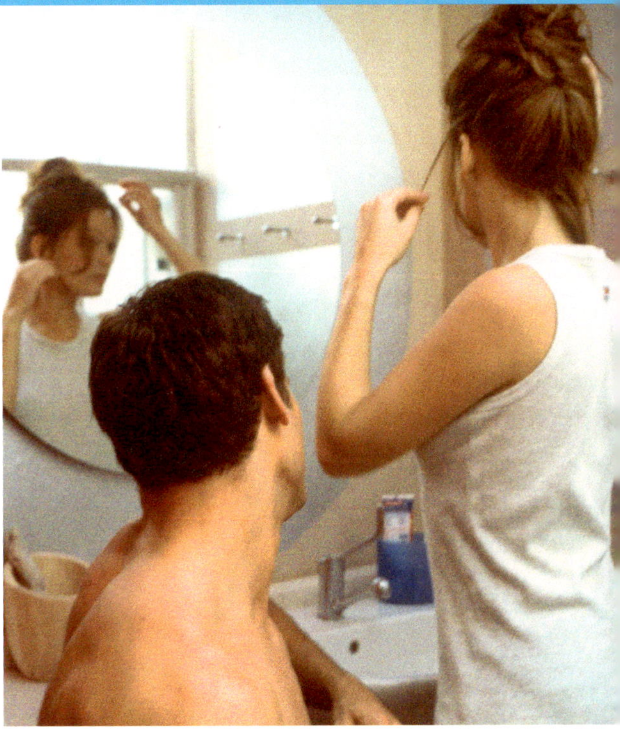

Innere Werte sind schön. Aber es braucht ein paar äußere, um auf sie aufmerksam zu werden. Wer geliebt werden will, muss liebens-wert sein. Denn um seiner selbst willen wird nur ein Säugling geliebt.

Rückzug ins weiche Nest. Denn Ihnen geht alles sofort unter die Haut. Deshalb lieben Sie Harmonie und Nähe und fürchten Streit und Trennung.

DER LUNGENTYP: DER DÜNNHÄUTIGE

Motto: »Verschont mich bitte!«

... im Berufsstress

◆ Heute ist genau das passiert, was das Fass zum Überlaufen bringt. »Wenn die mir zumuten, dass ich diesen schon dreimal verschobenen Urlaub wieder im letzten Moment abblase, dann schmeiße ich den Krempel hin«, haben Sie sich – und anderen – geschworen. Das Gute dabei: Sie wissen, dass Sie bei der Konkurrenz sofort genommen würden. Aber jetzt, wo es so weit war, kamen Ihnen auf einmal Bedenken. Nie mehr dieses Haus betreten? Sich von all den Kollegen verabschieden, mit denen Sie über die Jahre hinweg ein so gutes Verhältnis aufgebaut haben? All die Kontakte, die Sie geknüpft haben, aufgeben? Als Sie an diesem Tag, wie üblich spät, das Büro verlassen, spüren Sie einen Druck auf der Brust, Sie haben das Gefühl, kaum Luft zu bekommen. Am nächsten Tag gehen Sie vor der Arbeit noch zum Hausarzt. Er horcht Sie ab, macht einen Lungenfunktionstest. Kein Befund. Sie schleppen sich also hustend ins Büro. Aber Ihre Gedanken kreisen um diese Atemnot. Schließlich leidet Ihr Vater seit Jahren an Asthma.

◆ Es müsste Ihnen gut gehen, denn alles ist vorbei. Bestens bestanden, die ganzen

Prüfungen. Die anderen sind auch gut drauf, in Feierlaune. Und die gemeinsame Party ist längst vorbereitet. Warum Sie ausgerechnet am Tag davor diese Halsschmerzen befallen, die Sie leider schon allzu gut kennen, ist Ihnen ein Rätsel. Warum jetzt, wo der ganze Stress vorbei ist? Sie ahnen es schon vorher, was dann in der HNO-Arztpraxis diagnostiziert wird: Angina und wieder einmal Kieferhöhlenentzündung. Klar, dass die Party ohne Sie stattfindet.

... im häuslichen Stress

♦ Es ist nichts Neues, dass vor dem Fest der Freude bei Ihnen höchst unerfreuliche Diskussionen losbrechen, denn Ihre Sippe sorgt alle Jahre wieder für ein Familiendrama: Ihre Mutter erwartet, dass Sie wie gewohnt Weihnachten mit ihr feiern, Ihre Schwiegereltern erheben natürlich denselben Anspruch, und Sie beide wollen endlich mal bei sich daheim das Fest in aller Ruhe genießen. Gemütlich, intim, ohne großen Aufwand.
Bereits im November müssen Sie sich gegen den Vorwurf wehren, das sei eine egoistische Idee, herzlos und undankbar. Schließlich hat die Mutter sie großgezogen und überhaupt. Sie entscheiden sich für die große Lösung: Alle sollen zu Ihnen kommen. Und Sie sehen vor sich diese Familienidylle, wie man sie von alten Bildern und Geschichten kennt. Die Italiener schaffen das ja auch, oder?
Dann ist der Heilige Abend endlich da; die ebenso hilfswilligen wie hinderlichen Mütter, mit letzter Kraft aus der Küche verjagt, haben ihre Reviere abgesteckt, sich verschanzt und einander, wie befürchtet, nichts zu sagen. Beim Geschenkeauspacken durchbrechen schon die ersten spitzen Bemerkungen die dünne Decke der Friedlichkeit. Und als das teure Festessen auf dem Tisch steht, für das Sie eineinhalb Tage in der Küche zugebracht haben, bricht der Scheinfrieden völlig zusammen. Über Ihrer Gans geht der Streit los. Da können Sie nicht mehr. Obwohl Sie versuchen, die Tränen zurückzuhalten, brechen Sie in haltloses Schluchzen aus.

♦ »Es ist die Umstellung«, sagt eine Freundin. »Was Ihr braucht, ist ein Feng-Shui-Experte«, sagt eine andere. »Wahrscheinlich sind es Milben«, behauptet eine dritte. Tatsache ist: Seit Sie umgezogen sind in dieses Traumhaus mit Garten, haben Sie alle beide an Allergien zu leiden. Sie bekommen aus heiterem Himmel einen Juckreiz, der Sie schier verrückt macht. Er hat plötzlich überall kleine Bläschen, wenn er aus der Badewanne steigt. »Wasserallergie«, sagt die Hautärztin. Warum auf einmal?
Es braucht Wochen, bis Sie es einander zugeben: Was Ihnen unter die Haut geht, sind die neuen Nachbarn. Denen entgeht nichts. Drin, in der City, war es jedem egal, wie die nebenan leben. Hier wird alles kontrolliert. Schon bei der Einweihungsparty auf der Terrasse hatte irgendwer Ihnen die Polizei vorbeigeschickt, falsch parkende Freunde wurden abgeschleppt, die Friedensfahne »Pace«, die Sie

Hingeschmolzen: Das Metall ist Ihr Element. Es schmilzt unter großer Hitze. Und Sie neigen unter Stress dazu, in Tränen zu zerfließen.

aus dem Fenster gehängt hatten, ist abgerissen worden. Dass Ihr Gruß einfach nicht erwidert wird, verstehen Sie nicht, und Sie spüren, wenn Sie an den autowaschenden Hausherren rechts und links vorbeigehen, dass über Sie geratscht wird. Wieder ausziehen? Wieder zurück in die Innenstadt? Daran wollen Sie lieber gar nicht denken, denn das würde sehr viel Überwindung, Kraft und eine Menge Geld kosten.

... im Freizeitstress

◆ Sie haben es sich seit Jahren gewünscht, einmal diese Festspiele zu besuchen. Und Sie haben sich entsprechend gut vorbereitet. Die richtigen Schuhe und Klamotten, Schmuck, Nägel, Haare – alles perfekt. Denn dort wird jeder gesehen, heißt es. Drei Tage vor dem Start kribbelt es am Kinn und Sie sehen im Spiegel entsetzt, dass die Haut dort gerötet ist. Die Kortisoncreme, die Sie sofort auftragen, hilft leider gar nichts. Am nächsten Morgen ist die ganze Region um Ihren Mund herum rot und fleckig. Ein guter Dermatologe kann das vielleicht noch retten. Er weiß auch sofort, was los ist. »Periorale Dermatitis«, sagt er. Was das heißt, wollen Sie wissen. »Eine Hautentzündung um den Mund herum«, erklärt er. Dazu hätten Sie ihn nicht gebraucht. Dann eben Theaterschminke, so etwas wird es ja sicher geben.

◆ Der Montag ist wichtig. Sie müssen gut, erholt und belastbar ausschauen. Und das Wochenende im Grünen, das Sie geplant haben, ist bestimmt die richtige Kurzkur. Hotel auf dem Land, Spazierwege, Frühstück auf der Terrasse. Aber als Sie am Sonntagabend heimfahren, sehen Sie ganz anders aus als geplant. Die Nase dick, die Lider verschwollen, die Augen gerötet. Was kann das nur sein?

Ernährt haben Sie sich gesünder als sonst, viel Alkohol getrunken haben Sie auch nicht, und jeden Abend waren Sie vor elf im Bett. »Vielleicht hast du Heuschnupfen«, meint Ihre Frau. »Blödsinn«, sagen Sie. »Habe ich noch nie gehabt, mein Leben lang nicht.«

Doch der Test ergibt einwandfrei: Sie sind allergisch gegen Frühblüher. »Kann leider jederzeit anfangen«, erklärt Ihnen die Hautärztin. »Gefeit ist dagegen keiner.«

Der Lungentyp aus der Sicht der TCM

Seine Wandlungsphase ist das Metall. Dem entsprechen im Analogiesystem der chinesischen Denkweise:

- die Tageszeit Abend, die Himmelsrichtung Westen, die Farbe Weiß, die Jahreszeit Herbst.
- die Emotion des Kummers und der Trauer; es geht im Besonderen um das Sichbinden und Loslassen, also jene Traurigkeit, die durch Abschied und Trennung ausgelöst wird und die sich in Weinen und Schluchzen ausdrückt.
- der scharfe Geschmack; in geringen Mengen sind scharfe Gewürze und Aromen dem Lungentyp zuträglich, in großen Mengen aber schaden sie ihm besonders.
- Seine Reaktionsweise bei Stress: Der Lungentyp kennt viele Arten von Trennungsschmerz und Verlustangst. Der Abschied von der Heimat, vom Job, von Freunden, von der Familie bedeutet für ihn Stress und ängstigt ihn. Oft finden sich beim Lungentyp schon in der frühen Kindheit traumatische Verlusterfahrungen, zum Beispiel die Trennung von der Mutter. Spätere Atemwegsbeschwerden wie Asthma und chronische Bronchitis werden in der TCM auch auf unterdrücktes Weinen zurückgeführt. Zum Lungenfunktionskreis gehören außer den Atemwegen auch die Haut und das Immunsystem; daher zeigt Stress sich entweder in Abwehrschwäche, also einer erhöhten Neigung zu Infektionskrankheiten, oder aber in einer Überreaktion des Abwehrsystems, also Allergien, Neurodermitis, Ekzeme, Heuschnupfen.

Der Lungentyp in der Irisdiagnostik

- Augenfarbe: meistens blau oder grau.
- Typische Iriszeichen: Die radiären Fasern der Iris sehen oft aus wie gewelltes gekämmtes Haar. Weißliche Flocken (Tophi) in der äußeren Iriszone zeigen die Neigung zu entzündlichen und allergi-

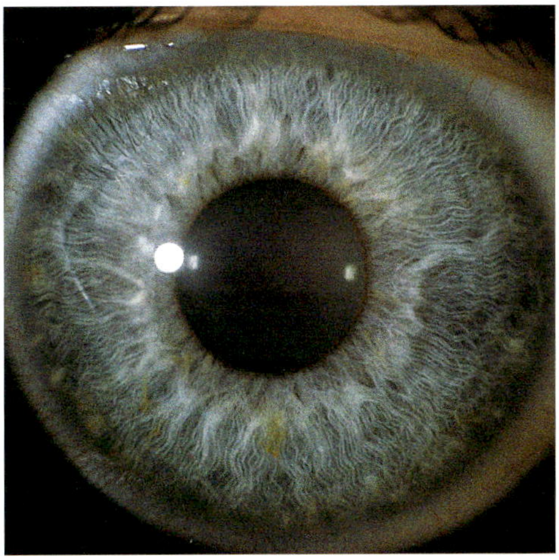

Lungentyp mit Fasern wie gekämmtes Haar und weißlichen Flocken zum äußeren Rand hin. 36-jährige Frau mit häufigen grippalen Infekten und Angina; unter Stress unreine Gesichtshaut und Herpes.

schen Reaktionen des Bindegewebes. Darin liegt die gemeinsame Ursache von vermeintlich so verschiedenen Symptomen wie Heuschnupfen, Hautausschlägen, Blasenentzündung oder weißem Ausfluss. Aufgehellte, aufgequollen wirkende Reizfasern verraten akute Entzündungen der Haut und der Schleimhäute, und verstärkte Gefäßzeichnung am Irisrand weist hin auf allergische Reaktionen.

Wenn Sie mit Samthänden angefasst werden, wird Ihr Immunsystem gestärkt gegen harte Angriffe.

Was hilft dem Lungentyp gegen Stress?

So ein richtiges Supertraining – eine Tenniswoche mit fünf, sechs Stunden Match am Tag oder die Vorbereitung auf den Stadtmarathon – ist für Sie so wohltuend wie das Geräusch eines Pressluftbohrers. Denn wenn Sie beim Sport an Ihre Leistungsgrenzen gehen und den Ehrgeiz haben, die zu überschreiten, macht Sie das nicht stark, sondern schwach: Marathonläufer sind Studien zufolge nach dem Lauf anfälliger für Infektionen; umso mehr, je wichtiger ihnen der Sieg ist.

➤ Ausreichend Atempausen: Das ist eine Empfehlung, die Sie wörtlich nehmen können. Vor Weihnachten durch die Läden hecheln auf der Suche nach Geschenken ist für Sie ebenso entnervend, wie mit der ganzen Familie drei Tage am Stück zu feiern. Leistungsdruck vertragen Sie nur schlecht, gesellschaftlich wie sportlich. Also lieber die gemütliche kleine Runde als die große Superparty, lieber ein ausgedehnter Spaziergang als ein Dauerlauf, lieber Rad fahren als Rallyes fahren.
Leben Sie in Ihrer Freizeit nach der Sonnenuhr, nicht nach der Stoppuhr.

➤ Saunen ist für Sie ein idealer Sport, weil er zwar nicht die Muskeln, dafür aber das Immunsystem stärkt. Wenn Sie sich bei zu großer Hitze unwohl fühlen, empfiehlt sich die Infrarot-Sauna, wo Sie bei niedrigeren Temperaturen (statt 80 °C nur 40–60 °C) sogar noch stärker ins Schwitzen kommen.

➤ Wenn Ihnen der Stress zu sehr unter die Haut geht, dann tun Sie der Haut etwas Gutes: Lassen Sie sich berühren, von jemandem, der Sie liebt, oder von jemandem, der Sie massiert. Denn Berührung stärkt nachweislich die Abwehrkräfte des Organismus und lindert die Stressfolgen.
Das Beste an der Berührung: Keiner muss warten, bis sie ihm widerfährt, jeder kann die Initiative ergreifen; wer berührt, wird berührt, wer streichelt, wird gestreichelt. Das stimuliert die Bildung von Beta-Endorphinen in der Haut, die unsere Stimmung erfolgreich aufhellen, und die Freisetzung des »Liebeshormons« Oxytocin.

Stress-Info

Nachrichten aus dem Psycholabor (6)

Ein Experiment mit Kaninchen verblüffte die Forscher. Ein Kaninchenstamm, der besonders stark zu Arteriosklerose neigt, wurde mit cholesterinreicher Nahrung gefüttert (Forscher sind nicht unbedingt tierfreundlich), um zu beobachten, wie die sich auswirkt. Die armen Versuchskarnickel in aufeinander gestapelten Käfigen bekamen alle die gleiche Kost.

Bei der Untersuchung der Tiere stellte sich heraus, dass die aus den oberen Etagen schlechter dran waren als die aus den unteren: Sie erkrankten deutlich stärker an Arteriosklerose. Was hatten die Kaninchen unten bekommen, was denen oben abging? Streicheleinheiten. Denn die Laborantin (Laboranten sind unter Umständen sehr tierfreundlich) hatte die Kaninchen aus den leicht erreichbaren unteren Käfigen zum Füttern herausgelassen und sie gestreichelt. Ergebnis: 60 % weniger Arterienverkalkung bei gleicher Ernährung, gleichem Blutdruck und gleich hohem Cholesterinspiegel.

Unter den käuflichen Berührungen gibt es besonders wohltuende: zum Beispiel die Shiatsu-Massage oder die hawaiianische Lomi-Lomi-Nui-Massage.

»Einatmen, ausatmen«: Dieser Satz ist mehr als eine Anweisung. Er ist eine kurze Philosophie der Gelassenheit, die sagt: Konzentriere dich einfach nur auf das Nächstliegende. Wer richtig atmet, kann das.

Die Übung für den Lungentyp

1 Legen Sie sich auf den Rücken und atmen Sie so ein, dass sich die Bauchdecke – nicht etwa der Brustkorb – deutlich hebt. Atmen Sie dann langsam aus, wobei die Bauchdecke sich senkt. Richten Sie Ihre Aufmerksamkeit auf nichts anderes als auf diesen Vorgang.

2 Wenn sich ablenkende Gedanken oder Gefühle einschleichen wollen, dann lassen Sie sie vorbeiziehen wie Wolken – als gingen die Sie überhaupt nichts an. Bewerten Sie diese Eindringlinge auch gar nicht als gut oder schlecht, bleiben Sie innerlich ganz unbeteiligt und lenken Sie Ihre Aufmerksamkeit wieder zur Atmung zurück. Ihr Nabel ist der Nabel der Welt für diese paar Minuten und nichts ist so wichtig, dass es Sie davon ablenken könnte.

Kultivieren Sie so die elementare Kunst der Pause – wir reden ja zurecht von den nötigen Atempausen, in denen wir aufatmen und durchatmen können. Denn Pausenlosigkeit macht krank, auch wenn es in unserer Gesellschaft gerne als Ausdruck für soziale Wichtigkeit stilisiert wird.

➤ Wiederholen Sie diese Basisübung täglich und sei es nur für wenige Minuten.

Die Ernährung für den Lungentyp

◆ Sie sind schlapp, aber Sie können sich genau vorstellen, was dagegen hilft: Chili con Carne – das putzt gründlich durch. Oder auch ein Curry, nach dem Ihnen der Rachen raucht. Sie kennen genügend Spezialitätenlokale, wo man Ihnen das so richtig scharf serviert. Diesmal entscheiden Sie sich für einen neuen Inder. Der erste Bissen brennt schön, aber sicher ist sicher: Sie probieren alles aus, was zum Nachwürzen noch auf dem Tisch steht.
Am Ende Ihres Menüs fühlen Sie sich allerdings gar nicht feurig, sondern wie leergebrannt. Offenbar taugt dieser Inder doch nichts.

♦ Sieht aus wie Krankenkost. Nichts, was Sie anmacht, dieser bräunlichrötliche matschige Haufen. Italienische Küche soll das sein? Naja. Außer dem geriebenen Parmesan oben drauf … Eigentlich essen Sie so etwas nur aus Höflichkeit. Sie stochern lustlos hinein und schieben die erste Gabel in den Mund. Und Ihr Gaumen staunt und jubelt: wunderbar nussiges, ganz unbekanntes Aroma entfaltet sich auf Ihrer Zunge, intensiv und fein. »Risotto mit geschmortem Radicchio«, klärt der Kellner Sie auf. Und Sie beschließen, in Zukunft nicht wie gewohnt Ihre Spaghetti oder Tagliatelle zu bestellen, sondern zum Risotto-Experten zu werden. Das freut den italienischen Koch, dessen Stolz die Kunst ist, Risotto zu kochen, noch mehr

Tipp für den Lungentyp

Schlechte Kost und gute Kost

➤ **Schlecht für den Lungentyp**

- extrem scharfe Gewürze wie Chili, Meerrettich, Cayennepfeffer oder Tabasco

➤ **Gut für den Lungentyp**

- milde Schärfe, zum Beispiel angedünsteter Rettich als Gemüse
- Lauch, Frühlingszwiebeln
- Paprikagemüse
- Pinienkerne, Sonnenblumenkerne, Kürbiskerne
- Frisch gepresste Obst- und Gemüsesäfte
- Reis, besonders Vollkornreis
- Dinkel, Hirse
- Rotkohl mit Nelken und Muskat
- Sauerkraut mit Lorbeer und Wacholder; in größerer Menge kochen und wieder aufwärmen, zum Beispiel als Beilage zu geräucherter Truthahnkeule oder -brust
- Szegediner Gulasch, das mit Paprika gewürzt wird

aber Ihren Organismus, denn Reis in allen Varianten ist reine Medizin für Sie.

Prinzip Energetisierung

Aus chinesischer Sicht muss der Lungentyp Energie laden und die Abwehrkräfte stärken, darf sich aber nicht mit zu viel Schärfe die Luft nehmen. Ihm tut gut, was ihn aufbaut – wie Reisgerichte – oder vitalisiert – wie milde Schärfe.

Szegediner Gulasch (mit Geflügel)

Der Energiespender bei Erschöpfung

Etwas Pflanzenöl und wenig Butterschmalz

Truthahnfleisch, in grobe (!) Würfel geschnitten

Frisches rohes Sauerkraut (nicht aus der Dose)

Zwiebeln, geschält und fein geschnitten, etwa 1/3 der Sauerkrautmenge

Rote Paprikaschoten, möglichst zuerst angebraten und von der Haut befreit, in kleinen Streifen, ersatzweise Ajwar mild im Glas – etwa die Hälfte von der Sauerkrautmenge

Wacholderbeeren

Lorbeerblätter

Paprikapulver

Salz, Pfeffer aus der Mühle

evtl. etwas gemahlener Kümmel

etwas Sherry

etwas Sauerrahm

Zünden Sie neue Kräfte: Feuriges Szegediner Gulasch energetisiert Ihren Typ.

➤ Das Fett erhitzen, die Truthahnfleischwürfel darin von allen Seiten knusprig braten. Nun die Zwiebeln zugeben und unter Rühren goldbraun werden lassen. Die Paprikastreifen beifügen und ebenfalls eine Weile mitgaren (oder den Ajwar zugeben).

Dann kommt das Sauerkraut portionsweise dazu und wird unter Rühren mitgeschmort. Die Wacholderbeeren, die Lorbeerblätter und das Paprikapulver, nach Geschmack auch Kümmel, Salz und Pfeffer zugeben, mit dem Kraut vermischen. Den Sherry angießen und auf kleiner

Flamme ca. 30–40 Minuten schmoren lassen. Vom Herd nehmen, den Sauerrahm unterrühren und sofort servieren.

➤ Dazu gibt's Salzkartoffeln, Pellkartoffeln oder Brot.

➤ Es lohnt sich, mehr Gulasch zuzubereiten, als sofort gebraucht wird, denn es lässt sich bequem wieder aufwärmen und gewinnt dabei noch an Aroma.

Die Selbstbehandlung des Lungentyps durch Akupressur

1 Bei Atembeschwerden, Druck auf der Brust oder Asthma hilft es, den siebzehnten Punkt auf der so genannten Aufnehmenden Leitbahn mit dem Mittelfinger ca. 30 Sekunden lang sanft zu drücken oder kreisend zu massieren. Er liegt an der Grenze des unteren zum mittleren Drittel des Brustbeins, bei Männern genau in Höhe der Brustwarzen. Sie können hier auch einen Tropfen Pfefferminz- oder Heilkräuteröl einreiben.

2 Bei Husten und Bronchitis lindert es die Beschwerden, wenn Sie den fünften Punkt auf der Lungenleitbahn sanft massieren. Er liegt am ausgestreckten Arm in der Mitte der Ellenbeuge. Sie können nacheinander beide Seiten behandeln.

3 Bei Schleimhautentzündungen im Mund, bei Halsschmerzen oder Nebenhöhlenvereiterungen können Sie die Behandlung des HNO-Arztes unterstützen, indem Sie den vierten Punkt auf der

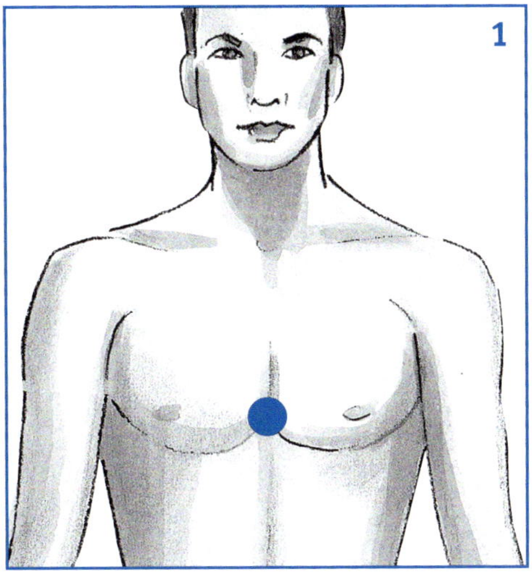

Dickdarmleitbahn stimulieren. Er liegt in dem weichen Dreieck Ihrer Hand neben der Daumenwurzel (siehe Bild Seite 114). Zwicken Sie sich an dieser Stelle mehrmals, indem Sie mit Daumen und Zeige-

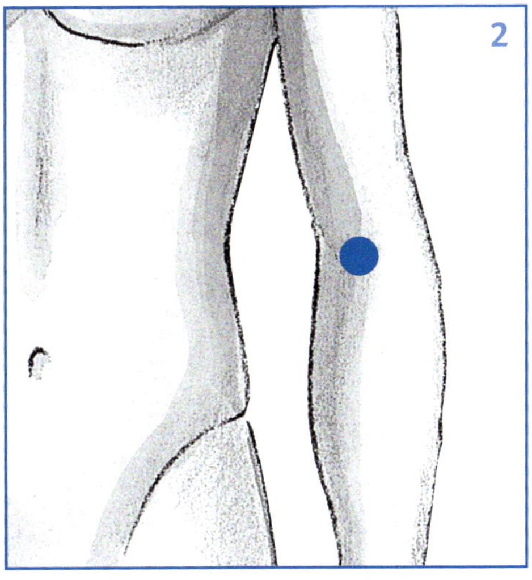

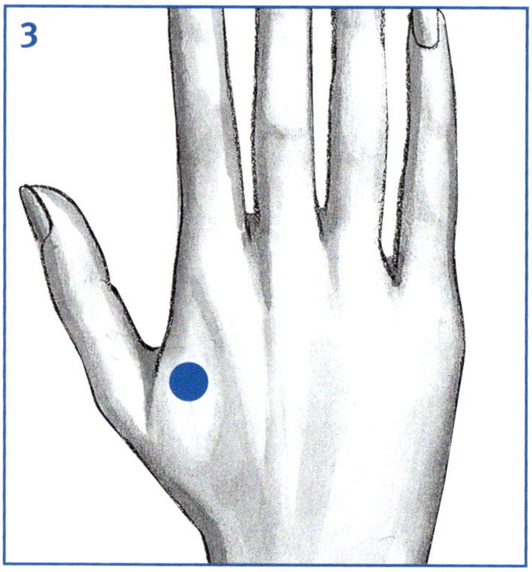

finger der anderen Hand eine Hautfalte greifen. Auch hier können Sie sich an beiden Händen behandeln.

Tipps & Tricks für den Lungentyp

➤ Falls Sie zu denen gehören, die jede Zeitung und jedes Magazin mit großer Gründlichkeit nach ihren Spezialthemen ausweiden und die ausgeschnittenen Artikel sammeln, bedrückt Sie das früher oder später wie unerledigte Schulaufgaben. Machen Sie sich klar, dass das meiste schon nicht mehr aktuell ist, wenn Sie endlich mal dazu kommen sollten, es zu lesen. Werfen Sie das Ganze in den Papiermüll und kaufen Sie sich lieber ein brandneues Fachbuch zu demselben Thema.

➤ Verabschieden Sie sich von der Idee, man müsse sich unbedingt Problemfilme ansehen.

➤ Sortieren Sie Ihre Arbeit nicht nach Dringlichkeit, sondern nach Wichtigkeit. Tappen Sie nicht in die Dringlichkeitsfalle. Die E-Mails mit roten Ausrufezeichen sind meistens weniger wichtig als der Zahnarztbesuch, den Sie vor sich herschieben. Setzen Sie Prioritäten.

➤ Stellen Sie fest, wie komisch und erheiternd Sie sein können, indem Sie von irgendwelchen peinlichen Missgeschicken erzählen.

➤ Beim Arbeiten wie beim Essen: Wenn Sie bucklig dasitzen, tun Sie weder Ihrem Aussehen noch Ihrer Atmung etwas Gutes. Richten Sie den Oberkörper auf und spüren Sie, wie frei Sie auf einmal atmen.

➤ Entdecken Sie die Möglichkeiten, einem Seelentief vorzubeugen. Wenn Sie am Sonntag oft niedergeschlagen sind, dann gehen Sie genau an diesem Tag ins Kino, ins Kabarett oder ins Theater. Es gibt ja auch Matineen.

➤ Planen Sie Ihre Termine niemals zu dicht gedrängt, sondern bauen Sie von vornherein Pausen als Sicherheitsabstände ein, damit es keine Kollisionen gibt. Denn nichts bringt Sie leichter aus der Fassung, als wenn Sie aus dem Rhythmus und unter Zeitdruck geraten.

➤ Erledigen Sie das Unangenehme zuerst, am Morgen, in Ihrer Hochleistungszeit: die Buchhaltung oder den schwierigen Brief, das unangenehme Telefongespräch oder eine ungeliebte Hausarbeit. Sie erledigen diese Arbeiten in der halben Zeit und werden sich anschließend richtig gut fühlen.

Zu zweit ohne Stress

Die Partnerschaftsstrategie für den Lungentyp

Arbeitsteilung bildet die Basis der Industriegesellschaft. Warum also nicht dieses Prinzip auf unser privates Leben übertragen. Natürlich nicht nach dem museumsreifen Muster, in dem sie für Haus und Familie zuständig ist und er für Geld und Karriere. Nein. Jeder hat ein Recht auf Verwirklichung im Beruf und daher wenig Zeit. Jeder übernimmt privat deswegen ganz bestimmte Aufgaben und verlässt sich drauf, dass der andere die seinen gewissenhaft erledigt. »Wir ergänzen uns perfekt«, heißt es dann. Er macht die Steuer, sie reicht die Rechnungen bei der Krankenkasse ein. Er kennt sich mit der Videoprogrammierung aus, sie mit der komplizierten Waschmaschine; wenn Gäste kommen, ist Einkauf und Tischdecken ihre Sache, aber die Kocherei seine.
So eine Partnerschaft gilt als stabil, weil jeder den anderen unterstützt. Doch wir bedenken nicht, dass diese Stütze eben eine Krücke ist – und uns wie jede Krücke abhängig macht. Gerade in solchen per-

Tipp für den Lungentyp

Sex ohne Stress

Leidenschaft hat mit Leiden zu tun. Passion und das englische »passion« sind sogar identische Wörter, und das merkt man in Filmen und Romanen. Denn sobald es um die Liebe geht, wird es ernst. Die Laute klingen wie Schmerzenslaute, gelächelt wird nicht einmal hinterher und gelacht gar nie. Er könnte ja meinen, ausgelacht zu werden, und das bringt die stärkste Erregung sichtbar zum Zusammenbruch. Und sie würde sich sofort fragen, ob an ihrer Figur etwas nicht stimmt oder an der Frisur. Dabei braucht es beim Sex Gleitflüssigkeiten, und zu denen gehört auch der Humor (humor bedeutet auf lateinisch Feuchtigkeit).

Es gibt Stellen, da wird das Streicheln zum Kitzeln und das Gelächter unausweichlich. Es gibt kleine Entgleisungen und schiefgelaufene Versuche, denen das Lachen jede Peinlichkeit nimmt. Wenn bisher ein kleiner Pups nach den knoblauchgeschwängerten Shrimps eine große schauspielerische Leistung erforderte, um so zu tun, als wäre nichts, dann lachen Sie jetzt einfach – »die Shrimps« – und weiter geht's. Wenn im Urlaubsquartier das Bett quietscht oder zusammenbricht, wenn im heißesten Moment das Baby zu schreien anfängt oder die romantische CD hängen bleibt: Nichts ist mehr peinlich, wenn Humor im Liebesspiel ist. Filmreif ist das natürlich nicht. Aber Liebesfilme enden deswegen meistens tragisch.

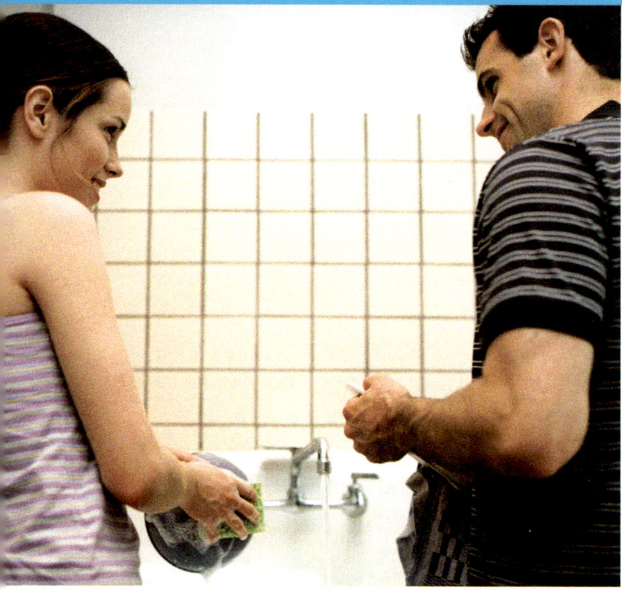

Zu zweit sehr stark – aber auch alleine: Wer sich nicht auf den anderen stützt, steht mehr durch.

fekt arbeitsteiligen Beziehungen passiert es dann: Einer zieht die Krücke weg, und der andere bricht zusammen. Ich rede nicht vom Fremdgehen oder gar vom Ende der Zweisamkeit. Nur davon, dass einer plötzlich nicht mehr mitspielt, ohne Vorwarnung, meist ohne jede Schuld – weil er seelisch ein Tief durchleidet, weil er krank wird oder einen Unfall hat. Da steht sie nun allein da vor der Party, er liegt im Bett, braucht Tees, Trost und Tabletten. Und sie befällt nicht etwa Mitleid, sondern sie fühlt sich hilflos, verraten und im Stich gelassen. Oder: Sie verstaucht sich kurz vor der Urlaubsreise das Handgelenk und trägt nun einen Gips. Wo noch nicht einmal die Koffer gepackt sind und er davon ausging, dass die Fahrerei wie immer geteilt wird.

Liebe ist kein Tauschgeschäft

Wir haben uns daran gewöhnt, das arbeitsteilige System als ökonomisch und sicher anzusehen; Autarkie ist gar nicht vorstellbar. Dem Städter fehlt ja auch der Platz zum Kartoffelsetzen oder für die eigene Milchkuh. In der Partnerschaft aber macht es Sinn, dieses System einmal kritisch zu überdenken. Denn es entlastet den einzelnen nur vermeintlich, in Wirklichkeit schwächt es ihn. Es macht ihn unmündig, weil er sich in bestimmten Bereichen seines Alltags nicht auskennt.

Zwar gibt es das von dem amerikanischen Partnerschafts-Spezialisten Pepper Schwartz empfohlene Modell des Peer Couple (von peer-, der englischen Vorsilbe für gleich-, wie peer-aged: gleichaltrig), wo jeder ohne lange zu reden einfach das tut, was er besser kann – ganz befreit von den Rollenklischees. Aber auch dort gewöhnt sich jeder daran, dass auf den anderen Verlass ist, dass der andere seinen Teil beiträgt. Und es führt dort genauso in die Krise, wenn einer plötzlich diesen Beitrag nicht leistet.

In unseren Beziehungen geht jeder davon aus, ein Recht auf etwas zu haben, wenn er selbst seinen Pflichten nachkommt. Aber es gibt kein einklagbares Recht auf Unterstützung, Liebe und Beistand unter Lebenspartnern. Nur weil sie ihn geduldig gepflegt hat, als er krank war, hat sie keinerlei verbrieften Anspruch darauf, von ihm gepflegt zu werden, wenn es sie aufs Lager streckt. Hat er ihr den Seitensprung vergeben und springt danach selber, dann

hat er kein Recht darauf, dass sie nun ihrerseits ihm vergibt.
Bitter? Pessimistisch? Zynisch? Keineswegs. Einsichtig. Pragmatisch. Realistisch. Es macht unfrei, sich einzubilden, es stünden einem gewisse Dinge zu. Und nichts befreit mehr, als sich zu vergegenwärtigen, dass das Leben nicht berechenbar ist und die Menschen es erst recht nicht sind. Für Gefühle gibt es kein Sparkonto, Engagement ist kein Aktienpaket, Liebe ist kein Tauschgeschäft.
»Wenn – dann« heißt die verhängnisvolle Devise derer, die eine Partnerschaft letztlich mit Investitionsdenken betreiben. Und davon ausgehen, dass alles, was sie an Gefühlen und Energie hineinstecken, mit einer Gegenleistung vergolten werden muss, damit die Partnerschaft gerecht und ausgeglichen ist. Sich genau davon zu verabschieden, ist die Voraussetzung für Glück. Glücklich kann nur werden, wer gibt, ohne zu überlegen, ob dieser Einsatz sich lohnt, ob der andere das verdient und ob er das je wieder zurückgeben kann. Und wer sich nicht auf den anderen verlässt, sondern auf sich selbst.
Das bedeutet nicht, dass wir alle Universalgenies sein müssen, Alleskönner, die niemand anderen brauchen. Sondern dass wir mit dem, was wir alleine zuwege bringen, leben können. Und wissen, an wen wir zur Not was delegieren können. Wenn er ohne sie die Waschmaschine nicht bedienen kann, muss er eben mal die Wäscherei um die Ecke etwas verdienen lassen (oder die Gebrauchsanweisung lesen). Und wenn einer ausfällt, kurz bevor die Gäste einfallen, dann reicht es, denen zu erklären: Ich brauche einen Ersatzmann, der mir heute ein bisschen zur Hand geht. Hinterher können Sie feststellen, wie befreiend das Gefühl ist: Ich packe das auch ohne den Partner.
Sich als Einzelkämpfer zu begreifen, obwohl da ein Partner ist – und das kann durchaus ein heiß geliebter und heiß liebender sein – ist anstrengend, aber sehr viel besser, als irgendwann aus dem warmen Nest der angeblichen Verlässlichkeit zu fallen und dann heulend nackt im Wind zu stehen. Es kostet Kraft und Überwindung, dieses mentale Nest aufzugeben und sich bewusst zu machen: Im Zweifelsfall bin ich alleine. Doch wer das bewältigt hat, geht mit seinen Kräften ökonomischer um, vergisst den Perfektionswahn, hört auf mit Abrechnungen und Aufrechnungen und gewinnt dadurch nicht nur an Charme und Attraktivität. Sondern an jener inneren Freiheit, die es zur Selbstständigkeit im wahren Wortsinn braucht.
Und ein Mensch, der sich auf sich verlässt und weder klammert noch klagt oder einklagt, fordert seinen Partner geradezu heraus, ebenfalls so zu sein und zu leben.
Zwei starke, verlässliche Individuen beieinander?
»In jeder Ehe ist einer der Dumme«, hat Tucholsky gesagt. »Es sei denn, zwei Dumme fänden einander.«
Oder zwei, die sich nie dumm vorkommen, wenn sie etwas alleine tun.

Hoffnungsschimmer? Wenn es keinen mehr gibt, zieht sich der Mensch in sich selbst zurück. Und seine Lebenskraft erlischt.

DER NIERENTYP: JEDER MENSCH AM RANDE DES ABGRUNDS

Motto: »Es geht um Leben und Tod«

Der Nierentyp im Stress

Wer um seine nackte Existenz kämpft, dem kommt das Wort Stress lächerlich vor. Unter andauernder existenzieller Bedrohung wie Krieg, Folter und Flucht, Naturkatastrophen und ihre Verwüstungen reagieren die Menschen gleich.
Einen speziellen Stresstyp, der zur fünften Wandlungsphase, dem Funktionskreis Niere gehört, kann es also nicht geben. Jeder wird in solchen Situationen zum Nierentyp.
Der Vollständigkeit halber sei dieser Bereich hier nur kurz dargestellt, in der Hoffnung, dass keiner der Leser jemals in die Situation kommen wird, sich damit näher befassen zu müssen.

Der Nierentyp aus Sicht der TCM

Seine Wandlungsphase ist das Wasser.
Dem entsprechen im Analogiesystem der chinesischen Denkweise:

- die Tageszeit Nacht, die Himmelsrichtung Norden, die Farbe Schwarz, die Jahreszeit Winter.

- die Emotion Furcht und Melancholie, existenzielle Angst, die sich ausdrückt in tränenlosem Stöhnen. In aussichtslosen Lebenslagen werden die gesunden, positiven Funktionen, die dem Funktionskreis Niere ebenfalls zugeordnet sind – die Fortpflanzung, die Willenskraft und das Streben nach Transzendenz – unterbunden und kehren sich regelrecht ins Negative um.
- der salzige Geschmack.
- Seine Reaktionsweise in lebensbedrohlichen Situationen: Durch den Stress der chronischen Furcht gibt die Hirnanhangsdrüse Daueralarm. Sie veranlasst also die Nebenniere zur permanenten Cortisolausschüttung, wodurch das Abwehrsystem geschwächt wird (auch im Blut von Menschen, die sich umgebracht haben, finden sich extrem hohe Cortisolkonzentrationen). Und sie wirkt hemmend auf die Keimdrüsen (Eierstöcke und Hoden), sodass die sexuelle Libido verloren geht, bei den Frauen auch die Empfängnisbereitschaft – die Menstruation bleibt aus. Die Natur verhindert also angesichts der ausweglosen Lage das, was diesem Funktionskreis entspräche – die Fortpflanzung. Nahe liegend, dass sich die Fragen nach richtiger Ernährung, gesunder Lebensweise und Ausgleichssport in diesem Fall nicht mehr stellen.

Bestätigt wurde das verwunderlich erscheinende Phänomen, dass zum Funktionskreis Niere sowohl die existenzielle Furcht als auch die Fortpflanzung gehören, durch eine Beobachtung, die zum Beispiel im Zweiten Weltkrieg häufig gemacht wurde: Frauen, die während der schlimmsten Kriegsmonate schwanger waren, überstanden die Nächte im Luftschutzkeller auffallend gelassen. Offenbar wirken die Schwangerschaftshormone wie ein Schutzschild für die Nerven.

Das Prinzip Hoffnung

Die typische Nierenreaktion – die apathische Melancholie – ist allerdings nicht unvermeidbar in ausweglosen Situationen. Gerade KZ-Insassen haben gezeigt, dass es mentale Möglichkeiten gibt, dieser Reaktion zu entkommen. Sie haben angesichts des Todes komponiert oder Gedichte auf Papierfetzen gekritzelt.

Die Äußerung eines Mannes, der Auschwitz als einziger seiner Familie überlebt hat, mag stellvertretend für diese Kraft stehen, die dem Sog der nierentypischen Erstarrung widersteht. Sein Bruder ist vor seinen Augen in den tödlichen Zaun gerannt, um einem noch entsetzlicheren Ende zu entgehen. Auf die Frage, was ihn denn am Leben gehalten habe, antwortete der alte Herr lächelnd: »Ich habe daran geglaubt, dass das Glück um die Ecke sein kann.«

Neue Horizonte: Wer Einblick in sich selbst gewonnen hat, gewinnt neue Ausblicke auf seine Möglichkeiten.

Nachwort

STRESS IST KEIN SCHICKSAL

Wie man mit Stress leben kann

»Stress sind Handschellen um die Seele«, hat ausgerechnet der sonst nicht eben zur Poesie neigende Kabarettist Karl Qualtinger gesagt.
Wir alle verbinden Stress mit ähnlichen Empfindungen: Druck, Enge, Eingesperrtsein, also Ausweglosigkeit. Sobald wir einen Horizont sehen, werden wir wieder optimistisch und gelassener.
Das Wichtigste, wenn Sie dem Stress entkommen wollen, ist also, ihn nicht als unentrinnbares Schicksal zu betrachten – einmal abgesehen von jenen tragischen Fällen, die im letzten Kapitel angesprochen wurden. Der vermeintliche Dauerstress ist nichts anderes als eine rasche Abfolge von einzelnen Stress-Situationen. Wenn Sie ihm wie gelähmt gegenüberstehen, dann hat er Chancen, bei Ihnen so viel anzurichten wie ein Grippevirus in einem bereits geschwächten Körper.
Das Immunsystem zu stärken, vor dem Wintereinbruch Vitamine zu schlucken und Ausgleichssport zu betreiben – das ist für sehr viele Menschen mittlerweile so zur Gewohnheit geworden wie Zähneputzen. Und dem Stress vorzubeugen oder bewusst entgegenzuwirken, sobald er sich bemerkbar macht: Das können Sie ebenfalls zur Routine werden lassen.

»Highly Sensitive Person«

Wie Sie in diesem Buch von mir erfahren haben, sind die Menschen für Stress unterschiedlich anfällig. Die besonders Empfindlichen genieren sich dafür oft, weil sie es als ein Zeichen von Schwäche ansehen, das in einer Gesellschaft, die mit immer härteren Bandagen kämpft, unerwünscht ist. Es gilt sogar als Erkennungsmerkmal der Karriereuntauglichen – Sieger können sich Sensibilität nicht leisten, scheint die Losung zu lauten. Folge: Die besonders Stressempfindlichen leugnen diese Dünnhäutigkeit, und genau das schadet ihnen.

Ich selbst gehöre auch zu den Stress-Sensiblen und habe aufgehört, mich dafür zu genieren. Stattdessen habe ich angefangen, alles abzuwenden, was mir zu viel wird und nicht unbedingt sein muss. Ohne schlechtes Gewissen sage ich eine Einladung ab, wenn ich merke, dass ich nach einer besonders anstrengenden Arbeitswoche nur Ruhe will und keinen Rummel. Oder ich verabschiede mich rasch aus einer Runde, die einen anstrengenden Abend verheißt.

Vor zwei Jahren machte mich eine Freundin auf das Buch einer Kollegin, Elaine N. Aron, aufmerksam, das in den USA große Verbreitung gefunden hat. Es beschäftigt sich mit der so genannten »Highly Sensitive Person« (HSP), der hochgradig empfindsamen Persönlichkeit – ich könnte auch sagen, mit jenen Menschen, die äußerst wenig Stress ertragen. In dieser Arbeit wird dargelegt, dass gerade diese so unmodern wirkende Spezies nur erkennen muss, dass der vermeintliche Nachteil, dünnhäutig zu sein, auch einen Vorteil birgt: Sie sind empfindsamer für das, was um sie her geschieht. Spüren schneller und intensiver als andere, welche Stimmung herrscht, was droht, was in der Luft liegt. In der Studie wird nachgewiesen, dass die meisten Weisen und Philosophen, die sich nur in der Zurückgezogenheit voll entwickeln konnten, exakt die Kriterien einer HSP erfüllten. Und dass Menschen, die so gebaut sind, glücklich und zufrieden werden, wenn sie zu einer Lebensform finden, die ihnen überflüssigen Stress vom Hals hält.

Das sagt sich natürlich einfacher, als es zu realisieren ist. Denn wenn Sie nun mal in einer kaum zu bändigenden Schulklasse unterrichten müssen, ist die Sache mit der Zurückgezogenheit schwer zu realisieren. Und wer gibt schon einen sicheren Job auf in diesen Zeiten? Wenn der Stress in diesem Job aber daran Schuld ist, dass Sie dauernd am Rande des Nervenzusammenbruchs entlangspazieren, dann ist es doch eine Überlegung wert, Alternativen zu besichtigen.

Absicherung versus Stress

Das Sicherheitsdenken, das uns allen zur Selbstverständlichkeit geworden ist, soll uns den plötzlichen Stress unerwarteter Situationen ersparen. Im Grunde aber ist es oft Ursache für Stress. Das hört sich widersprüchlich an, ist jedoch einfach zu belegen.

Wir versichern uns gegen jedes mögliche Risiko, das heißt, wir wähnen uns gefeit gegen die üblichen Gefährdungen. Aber so wie bei den meisten Hausratsversicherungen gerade der Fall ausgenommen ist, der Sie dann betrifft, ist es auch in anderen Situationen. Und wer dann in seiner vermeintlichen Abgesichertheit feststellen muss, dass es die absolute Sicherheit niemals geben kann, wird mehr gestresst als jemand, der daran nie geglaubt hat.
Sie sind sich sicher, dass Ihr Partner Sie niemals betrügen, geschweige denn verlassen würde.
Sie sind sich sicher, dass Ihre Freunde Ihnen in der Not helfen werden.
Sie sind sich sicher, dass Sie ein hohes Alter erreichen.
Sie sind sich sicher, dass Ihre Kinder Sie nie im Stich ließen.
Warum eigentlich?
Keine Angst. Ich will Ihnen nicht einreden, es sei besser, ein misstrauischer und misanthropischer Mensch zu werden. Ich will Sie nur zur Vorsicht mahnen, sich auf allzu vieles zu verlassen, weil Sie sonst schnell verlassen sein könnten.
Nicht Absicherungen reduzieren den Stress, sondern das Bewusstsein, dass nichts absolut sicher sein kann. Und dass unser Dasein in keiner Hinsicht berechenbar ist, so gerne wir das hätten.

Nichts ist berechenbar

Stress entsteht oft gerade dadurch, dass wir uns einbilden, es könne sicher nichts schief gehen.
Simples Beispiel: Sie verlassen sich auf Ihre Fahrroutine, Ihr Auto und darauf, dass Sie diese Strecke um eben diese Tageszeit kennen. Und geraten in einen verheerenden Stau. Weil Sie sich derart sicher waren, haben Sie keinen zeitlichen Spielraum eingebaut – und geraten in den Stress, nicht pünktlich anzukommen.

Mit Fehlern leben

Nehmen Sie auch Abschied vom Perfektionswahn. Überlassen Sie die Unfehlbarkeit dem Papst.
Unterdrücken und vertuschen Sie ihre Fehler nicht, geben Sie sie lächelnd zu.
»Der Kuchen hier ist nicht selbst gemacht, aber selbst gekauft. Meinen Selbstgebackenen könnt ihr gerne für euren Holzkohlegrill verwenden.«
»Nein, ich komme nicht wegen eines Wasserrohrbruchs zu spät. Ich bin gestern mit Freunden versumpft …«
»Mein Strumpf hat leider eine Laufmasche, aber mein Hirn ist in Ordnung.«
Wer mit seiner Mangelhaftigkeit zu leben versteht und seine Schwächen, Fehler und Marotten zugeben kann, hat weniger Stress – und mehr Freunde. Denn nichts macht sympathischer, als wenn jemand davon erzählt, was ihm Peinliches passiert ist. Kein Wunder, dass mittlerweile Anti-Stars Karriere machen, denn ihnen gehört unser Mitgefühl und Verständnis.
Sich abzufinden mit der eigenen Unzulänglichkeit ist kein Zeichen der Schwäche. Sondern eine Einsicht, die stark macht gegen Stress.

Zum Nachschlagen

BÜCHER, DIE WEITERHELFEN

- Baur, Eva-Gesine/Schmid-Bode, Wilhelm: *Glück ist kein Zufall. Lassen Sie sich vom Glück berühren. Die besten Methoden für ein erfülltes Leben.* Gräfe und Unzer Verlag, München 2000
- Baur, Eva Gesine: *Der Luxus des einfachen Lebens.* dtv, München 1999
- Fahrnow, Ilse Maria/Fahrnow, Jürgen: *Fünf-Elemente-Ernährung.* Gräfe und Unzer Verlag, München 1999
- Granet, Marcel: *Das chinesische Denken. Inhalt, Form, Charakter.* Suhrkamp Verlag, Frankfurt 1985
- Hamm, Michael: *Knaurs Handbuch Ernährung. Die 150 besten Nahrungsmittel im Überblick.* Droemersche Verlagsanstalt Th. Knaur Nachf., München 2003
- Hammer, Leon: *Psychologie & Chinesische Medizin. Zukunftsweisende Erkenntnisse über das energetische Zusammenspiel von Emotionen und Körperfunktionen.* Joy Verlag, Sulzberg 2000
- Hempen, Carl Hermann: *dtv-Atlas zur Akupunktur. Tafeln und Texte.* dtv, München 1997
  Ders.: *Die Medizin der Chinesen.* Goldmann Verlag, München 1991
- Johnen, Wilhelm: *Muskelentspannung nach Jacobson.* Gräfe und Unzer Verlag, München 1995
- Levine, Robert: *Eine Landkarte der Zeit. Wie Kulturen mit Zeit umgehen.* Piper Verlag, München 2001
- Temelie, Barbara: *Ernährung nach den Fünf Elementen. Wie Sie mit Freude und Genuss Ihre Gesundheit, Liebes- und Lebenskraft stärken.* Joy Verlag, Sulzberg 1995
- Unschuld, Paul U.: *Was ist Medizin? Westliche und östliche Wege der Heilkunst.* C. H. Beck Verlag, München 2003
- Wagner, Franz: *Akupressur.* Gräfe und Unzer Verlag, München 1999

Und eine CD, die weiterhilft

- Die vom Autor Dr. med. Wilhelm Schmid-Bode besprochene CD mit den Anleitungen zur Minutenentspannung und zum Spaziergang im Körper können Sie für 8,– Euro zuzüglich Versandkosten beziehen über:

Flying Fish
Kaulbachstraße 69
D-80539 München
Fax 089/38849808

ADRESSEN, DIE WEITERHELFEN

- SMS (Societas Medicinae Sinensis) – Internationale Gesellschaft für Chinesische Medizin e.V., Franz-Joseph-Straße 38, 80801 München
  Hier erfahren Sie Adressen von Ärzten/Ärztinnen, die TCM praktizieren.
- Stiftung Akupunktur, Informationsbüro, Eugen-Langen-Straße 25, 50986 Köln, Tel. 0221/3099562, Fax 0221/3099200; E-Mail: info@akupunktur.de; www.akupunktur.de

  Das Institut vermittelt Ärzte/Ärztinnen und Heilpraktiker/-innen, die Akupunktur ausführen, ist aber mehr auf Fortbildung für Fachleute spezialisiert.
- A.D.C.A. e.V. (Association for the International Development of the Cosmopolitical Holistic Ideas of Angerer), Josef-Angerer-Institut, Postfach 190519, 80605 München, Tel. 089/15930630, Fax 089/15982009. Dieser Verband vermittelt europaweit Adressen von Heilpraktikern und Ärzten, die Irisdiagnostik durchführen.
- Felke-Institut, Heidestraße 2, 71296 Heimsheim, Tel. 07033/35160, Fax 07033/35183, E-Mail: info@felke-institut.de. Dort können Sie Adressen von Iridologen erfragen.

SACHREGISTER

A

B

Impressum

Programmleitung: Ulrich Ehrlenspiel
Redaktion: Ilona Daiker
Satz und Gestaltung: Felicitas Holdau
Layout und Umschlaggestaltung: independent Medien-Design, München
Herstellung: Markus Plötz
Lithos: Repro Ludwig, Zell am See
Druck und Bindung: Appl, Wemding

Wichtiger Hinweis

Die Inhalte des vorliegenden Ratgebers wurden sorgfältig recherchiert und haben sich in der Praxis bewährt. Alle Leserinnen und Leser sind jedoch aufgefordert, selbst zu entscheiden, ob und inwieweit sie Übungsanleitungen und Anregungen aus diesem Buch umsetzen wollen. Autor und Verlag übernehmen keine Haftung für die Resultate.

Bildnachweis

Fotoproduktion Food: Studio Reiner Schmitz
Zeichnungen Akupressur: Heidi Vignati
Fotos Irisdiagnostik: Dr. med. Wilhelm Schmid-Bode
Autorenfoto: Jacques Schumacher
Umschlag vorn, Innenklappen: Getty Images
Umschlag hinten (von li. nach re.): GU (Studio Schmitz, Manfred Jahreis), Stone

Corbis: Seite 56/57;
Getty Images: Seite 16, 23 li, 30 o.li., 32, 45, 53, 55, 56 o.li., 71, 76, 89ff., 90, 94, 99, 118;
U: Seite 4, 13 (Manfred Jahreiß), 42, 45 (Heidi Vignati), 62, 63 (Dominique Parzinger), 108 (Tom Roch);
Images iconica: Seite 2, 45, 53, 55, 119, 103, 116;
Jump: Seite 4, ,56 o.re., 64, 79, 80 li, 110 (Kristiane Vey), 5, 81 (L. Matzen);
Mauritius: Seite 8 o.re., 87;
Okapia: Seite 45, 53, 55, 59 ff., 105, 106, 108 o., 111, 115;
Photonica: 2, 58, 101;
Premium: Seite 18, 20, 23 re, 45, 53, 55, 60, 73, 75 ff.;
St. Johanser Naturmittelvertrieb: Seite 24;
Zefa: Seite 3, 8/9, 30/31, 30 o.re., 50, 56/57, 74, 88, 104, 120

DAS ORIGINAL · GU · MIT GARANTIE

Das Original mit Garantie

IHRE MEINUNG IST UNS WICHTIG.
Deshalb möchten wir Ihre Kritik, gerne aber auch Ihr Lob erfahren, um als führender Ratgeberverlag für Sie noch besser zu werden. Darum: Schreiben Sie uns!
Wir freuen uns auf Ihre Post und wünschen Ihnen viel Spaß mit Ihrem GU-Ratgeber.

UNSERE GARANTIE: Sollte ein GU-Ratgeber einmal einen Fehler enthalten, schicken Sie uns bitte das Buch mit einem kleinen Hinweis und der Quittung innerhalb von sechs Monaten nach dem Kauf zurück. Wir tauschen Ihnen den GU-Ratgeber gegen einen anderen zum gleichen oder ähnlichen Thema um.

GRÄFE UND UNZER VERLAG
Redaktion Körper & Seele
Postfach 86 03 25
81630 München
Fax: 089/41981-113
E-Mail: leserservice@graefe-und-unzer.de

ISBN 3-7742-6355-8

Auflage	5.	4.	3.	2.	1.
Jahr	2008	07	06	05	04

GRÄFE UND UNZER

Ein Unternehmen der
GANSKE VERLAGSGRUPPE